戦争はどうすれば終わるか？

ウクライナ、ガザと非戦の安全保障論

柳澤協二　伊勢崎賢治
Yanagisawa Kyoji　Isezaki Kenji
加藤 朗　林 吉永
Kato Akira　Hayashi Yoshinaga
自衛隊を活かす会 編

a pilot of wisdom

JN042900

はじめに

ウクライナ戦争の開戦から二年。ここ十数年のスパンで見て、この戦争ほど世界と日本の世論に衝撃を与えた戦争はないでしょう。

戦争といえばテロや内戦であり、国家が関わるのはせいぜいそれを口実とした介入だと思われていたのに、国家が他国の領土に堂々と入ってくるのを久しぶりに体験することになりました。しかも、その様子が映像でリアルタイムに伝わってきますし、双方が相手の残虐さを世界に向けて宣伝しています。その結果、戦争の評価は別にして、日本でも少なくない国民が、戦争というものを他人事《ひとごと》ではなく、自分のこととしてリアルに認識することになりました。そして、この戦争をどう捉えるべきか、アジアにどう影響するのか、日本にとっての教訓とは何かの議論を開始することになります。

その局面で「自衛隊を活《い》かす会」（代表＝柳澤協二、呼びかけ人＝伊勢﨑賢治・加藤朗）は、戦争史に詳しい林吉永氏（元防衛研究所戦史部長）とともに、この難しい問題を議論することとなりました。開戦から一か月余の二〇二二年四月一日のことです。その成果は、『非戦の安全保障論―ウクライナ戦争以後の日本の戦略』（集英社新書、二〇二二年）として刊行されています。幸い好評を得て重版にもなりました。

しかし、書籍で何かを論じ、解明したところで、局面が変わるわけではありません。戦局は泥沼化する一方であり、戦死者の数は日に日にふくれ上がっていきます。それなのに戦争が終わる気配は一向に見えてきません。四人の著者は、誰かが明確な展望を持っているわけではないし、考え方も大きく違うのですが、「ウクライナ戦争をなんとかして終わらせなければならない」という点では共通の意思を持っています。そこで、二〇二三年九月二五日、再び集まって侃々諤々《かんかんがくがく》の議論を行い、何らかのものを提示していこうとしたのが本書です。この議論の直後に、パレスチナのガザ地域における大規模な人道危機が発生し、戦争の終わらせ方を論じる必要性が、一層うきぼりになりました。

例によって、著者ごとに問題の捉え方は異なります。一致するのはせいぜい、どんな時にも「非戦」の立場を貫かなければならないとか、そのためにも「戦争」とは何かを正確に認識しなければならないとか、そんな程度にとどまるのかもしれません。けれども、ウクライナ戦争とガザ人道危機をめぐって世界と日本の世論が分裂している時には、そういう一致点が大事なのではないでしょうか。
「自衛隊を活かす会」（正式名称「自衛隊を活かす：21世紀の憲法と防衛を考える会」）は二〇一四年六月、九条を含む現行憲法下での自衛隊の在り方と日本の安全保障を考えることを目的に、過去の政治的な経験も考え方も多様なメンバーで発足しました。そもそも、九条と自衛隊・安全保障を両立させようとする目論見《もくろみ》自体が、分裂しているものを統合しようとする試みであって、複雑化する世界と日本の中でますます真価を発揮することが求められていると自負します。本書が多くの読者の目に触れることを期待しています。

二〇二三年一一月

「自衛隊を活かす会」事務局長　松竹伸幸

目次

Ⅳ

伊勢﨑賢治氏の第一発言――即時停戦の必要性と実現可能性

第二章　討論　戦争を理解できなければ停戦もイメージできない

第四章　戦争を終わらせた後の世界に向けて

＊本書の肩書は当時のものです。

目次・資料作成／ＭＯＴＨＥＲ

第一章　ウクライナ戦争の終わらせ方を考える

Ⅰ　柳澤協二氏の第一発言——戦争はどういう時に終わるのか

ウクライナ戦争が開始された直後の二〇二二年四月一日に我々四人で議論をして、それを『非戦の安全保障論』という本にまとめました。あの時の私の問題意識というのか、私の個人的なモチベーションで一番大きかったのは、どうしてこの戦争を予測できなかったんだろうということでした。言い換えれば、この戦争はなぜ始まってしまったんだろうかというものでもあり、戦争が予測できなかったということは、戦争の起こり方に関する私の認識に、どこか欠落があるからなんだろうと思ったのです。そこが自分として大きなショックでもあったのです。

その後の経緯を見ると、実はこの戦争がこんなに長く続くとは考えていなかった。さりとて、ではいつ終わるのかという見通しもまったく持っていなかったのです。やはり戦争というものには、戦争独自の文法で転がっていく部分があり、その流れを、ただ関心を持って見てきただけだったかもしれません。

しかし開戦から一年半になり、いくら何でも、こういう殺し合いが終わらないのは耐えがたい、なんとか終わらせなければいけない。これは、すべての人の感覚だろうと思うのです。それは、私はすごくまともな発想だと思うんですが、もう一方、私のバックグラウンドから言わなければならないことがあります。戦争というものに携わる仕事をしてきた者として、戦争の始まりを予測できなかったことへの悔悟のようなものがあると言いましたが、同時に、今思い起こしてみると、どうやったら戦争を終わらせられるかということを、これまで一度も考えたことがないのです。今回のウクライナ戦争に限らずそうなのです。

私にとって戦争というのは、気がついたら、いつの間にか終わっていたという、そういうものでした。戦争の問題、あるいは戦争と平和の問題を考えることを自分なりにライフワークにしようと思っている立場から言うと、戦争の終わらせ方というものも分からなくて、それで本当に戦争と平和の問題を考えていると言えるのだろうか。現在はそういう自己反省みたいなものを、私はモチベーションとして持っています。

悲惨な殺し合いを早く終わらせたいということは、誰にせよ、当然の気持ちとして持っているでしょう。しかし一方、戦争の当事者について見ると、それぞれ終わらせたいという気持ちはあるでしょうが、他方で、とにかく自分が勝つまでは止める気がないという状況があることも、だんだんはっきりしてきています。それはなぜかというと、当事者なりに戦争の意義というのか、戦争の大義を見出《みいだ》して、そこにこだわっているからです。戦争というのはそういうものだと思います。

1　戦争の大義とは何だろうか

ロシアの大義、ウクライナの大義

そこで、まず、我々の立ち位置の問題です。我々のような第三者、当事者以外の者が戦争について、基本的にはどっちの大義が正しいとか間違っているという立場で見てしまうと、どう終わらせるかという答えはなかなか見出せないだろうと感じます。どっちかの大義に肩入れする形で、気持ちが当事者になってしまうので、そこは客観的に見なければいけません。けれども、当事者同士が、そういう大義にこだわって戦争を続けている状況を考えると、やはりその大義って一体何だろうというところは押さえておく必要がある。

私の理解では、ロシアの大義というのは、一言で言えば、偉大なるロシアの復活ということになります。特に二〇二三年三月末にプーチン政権がつくった新しい外交コンセプトの中では、ロシアはユーラシアの大国として特別な地位を持っているんだと、そんなことを平然と書いているわけです。ロシアのもうひとつの戦争の大義としては、ロシア系住民、特にドンバスにおける住民の保護ということが、依然として存在しているのでしょう。

そういうことを考えると、ロシアが言っていることすべてが駄目だということにはならない。ロシアには大国としての特権があるというところから出てくる主張は、それはとても認めるわけにはいきません。しかし、現にドンバスにいるロシア系住民の安全を確保する、あるいは保護をしなければいけないということは、戦争という手段によらずに、どうしていくかを考えなければいけない問題です。

他方で、ウクライナの大義は何か。これは、基本的には自分たちが生存を維持するために侵略者から防衛しなければいけないという、非常に分かりやすい大義なのです。ただ、今の時点では、クリミアを含む全土を奪還するということにまで、その戦争の大義が拡大している状況です。

そうすると、侵略に対する抵抗というのは、当然、我々も支持するところですが、さらに進んで全土の奪還まで、つまり二二年二月二四日に戦争が開始される以前までさかのぼって、すべてのロシア軍の撤退を求めるのか。それを戦争の大義として我々が支持できるのかということは、考えなければいけない問題です。

三つのコンセンサス——主権国家不可侵、戦争犯罪、核不使用

一般的に国際社会——「国際社会」という言葉は、誰のための社会かという定義がないので、好きじゃないけれども——は、この戦争に関心を持っています。大体一致しているのは、いずれにしても武力で現状変更をするのはいけないということだと思います。国連憲章は、「主権平等の原則」(第二条一項)を謳《うた》い、「武力による威嚇又は武力の行使を、いかなる国の領土保全又は政治的独立に対するものも、また、国際連合の目的と両立しない他のいかなる方法によるものも慎まなければならない」(第二条四項)として、主権国家不可侵の原則を定めています。その大原則が侵害されているという問題なので、どの主権国家も無関心ではいられません。

ふたつ目に、この戦争で出てきた戦争犯罪の問題があります。これもなんとかしなければいけないという認識を、みんな持っているでしょう。さらにもうひとつは、核使用は絶対にいけないということで、以上の三つは国際社会のコンセンサスだと言えると思うんです。

ただ、そうだとしても、結論が簡単に得られるわけではありません。その立場に立った場合であっても、どこまでウクライナが戦い続けることを支持するのかを考えないといけない。

たとえば主権国家不可侵といっても、この座談会の準備過程における伊勢崎さんのメール*にもあったことですが、今のロシア、ウクライナの国境というのは、ソ連崩壊後からのいろんな経緯の中で引かれています。だから、その国境線と現に住んでいる住民の構成とは、ちょっと矛盾が存在していることもあります。そういうことを前提にしても、それでもなおかつ主権が絶対的なものであって、主権が国境線という形で表されることが、本当にこれでいいんだろうかという問題があります。

＊ 伊勢崎です。余談ですが、昨日（九月二一日）の〝今こそ停戦を〟のシンポジウムは、石破《いしば》茂さんも参加し盛会でした。その中で、東大名誉教授の和田春樹さんによる、同じ東大の松里公孝《まつざときみたか》さんの近著『ウクライナ動乱』の解説が面白かったです。

【松里氏があらためて批判するのが「〝国家の領土は広げれば広げるほどいい〟、〝領土を失うのは手足をもがれるのと同じ〟といった情緒的な国家表象」である。この国家イメージを持ち続ければ、分離紛争を防止解決できないと断言する。だが、当事者がそう思っても、それを許さない力が働くと、紛争は永続化する。松里氏は、二〇一五年のハルキウの社会学者が同州住民の二人に一人は「ドンバスなしウクライナ」というスローガンを支持していると語った、と書いている。「ドンバスもクリミヤもないウクライナ」という主張は、実は西部ウクライナでも強かった。しかし、それは二〇一六年頃から口に出せなくなった。松里氏は、「国境線を変えられては困る欧米や国際機関が、援助をテコにウクライナを〝励まして〟、強硬姿勢に戻したと思う」と言い切る】。

特に中東やアフリカでは、旧植民地宗主国同士が、砂漠の真ん中に勝手に線を引くわけです。そういう国境を前提にして、それが主権の不可欠の構成要素である、したがって国境線は不可侵であるという、こういう論理に本当に我々がこだわっていていいんだろうかという問題です。

それから、戦争犯罪に関しても、難しい問題があります。戦争犯罪は処罰されなければならない。この間、南アフリカで開かれたＢＲＩＣＳ（ブラジル、ロシア、インド、中国、南アフリカ共和国）の首脳会談の時でしたが、南アフリカは国際刑事裁判所（ＩＣＣ）に加盟していますから、プーチンが来たら逮捕しなければいけない状況に置かれていて、プーチンは結局オンライン参加になりました。では、プーチンを逮捕して、これを国際社会から排除したほうがよかったのか。その場合、この戦争を終わらせる一方の当事者がいなくなってしまうわけですし、あるいは戦後のことを考えても、ロシア抜きの国際秩序というものを考えるわけにもいかない。そんなことを、第三者であるがゆえに、当事者よりも、もう一歩引いた目線で考えておく必要があるのではないかと感じています。

2　戦争はどのようにして終わるのか

次に、戦争はどうやって終わったかという、一般的な戦争の終わり方も考えてみましょう。

クラウゼヴィッツの考え方から見えること、見えないこと

クラウゼヴィッツの定義では、戦争とは政治目的達成の手段である。そうなると戦争という手段の目標は、その目的達成を妨害する相手国の抵抗を無力化することです。ここから出てく

るひとつの典型的な戦争の終わらせ方とは、軍隊を殲滅《せんめつ》するとか、あるいは無条件降伏させることによって、勝った側の正義を押しつけるというものとなります。

一方、ここが難しいのですけれども、戦争が早く終わったほうがいいということを優先して考えるとすると、たとえば仮に核を使うぞという脅しによってウクライナが屈服するならば、結果として、戦争があと何年も続いた場合よりも、生じる犠牲が少なくて済むのではないか、みたいな議論になってしまう。広島、長崎への原爆投下の正当性の議論と似てくるんです。だから、とにかく早く戦争が終わることが一番いいとすると、そしてそのためには手段を選ばないということになると、核使用やその脅しもアリだという、非常に変な論理になってきてしまう。

クラウゼヴィッツからさらにもうひとつの視点を取り上げてみますと、彼は「戦争の三位一体」という有名な命題を出しています。国民の支持がない戦争はできないということ、さらに軍隊がいわゆる戦場の霧と言われる錯誤の中でどう切り抜けて勝利するかということ、それから政府がいかに戦争目的を理性的にコントロールできるかという、三つの要素で戦争を捉えています。

このうちまず世論というものを見ると、実は、これはどちらの側もゆらいでいない。ウクライナ側について見ると、ミュンヘン安全保障会議事務局が二〇二二年一一月に実施した世論調査では、クリミア奪還まで戦うという国民が九割を超えている。さらにほぼ九割が核が使われても戦争をし続けると答えているわけです（「朝日新聞」二〇二三年二月一四日夕刊）。国民の支持、世論の支持という意味では、まったくゆらいでいない。ロシアのほうも、プーチン政権の愛国教育が功を奏しているように思います。

次に軍隊の動きを見ると、ウクライナは二〇二三年六月に入った頃からいわゆる反転攻勢を始めている状況だと思いますが、私も新聞報道でしか分からないけれども、一週間、二週間かけて何百メートル前進したというオーダーの話なんです。ロシアが強固に防御網を敷いた地域を、もう本当に一寸刻みに切り取っていくということはものすごく犠牲が多く、難儀な仕事になっていて、なかなか戦場で決着はつかない。あるいは、やがて決着するかもしれないけど、大変な犠牲を覚悟しなければいけないわけです。

三つ目の政府の戦争目的の観点から見ると、双方とも目標が事実上変わっていると思います。ロシア側は、当初プーチン政権が目指したキーウ政権の打倒のような目標は放棄され、今や、併合を宣言した東南部四州のロシア支配を固めるということに変わってきています。ウクライナのほうの戦争目的も、とにかく最初は自衛のための戦争に徹していたのが、全土の奪還という拡大した目標に変わってきている。

こういう政府の発想は、理性を持って戦争を止めるという方向には向いていなくて、むしろ戦争を拡大する方向に向いている。そしてそれを国民も支持するし、政府も国民もお互いに引くに引けない心理状態にあるというのが今日の状況だと思います。つまり、なかなか終わらない。クラウゼヴィッツの視点からすると、戦争の終わりが見えません。

クラウゼヴィッツの時代を超えた今日の戦争論の課題

それから、停戦と終戦、あるいは平和の回復の関係についても触れておきたい。戦闘行為そのものが終わったとしても、それは即平和を意味するわけではないということにも、しっかりと留意しておかなければいけないと思います。

平和というのは――イギリスの歴史家のマイケル・ハワードの言葉によれば――秩序であって、端的に言えば負けた側が勝った側の秩序を受け入れることなんです。それが受け入れられず、相手側がとにかく停戦をしたけども不満をくすぶらせている状態であれば、それは次の戦争を準備することになるのです。

よく、プーチンを暗殺してでも排除しないと、この戦争は終わらないという声を聞きます。

それはその通りかもしれないけれど、しかしプーチンが排除されたところで、次の政権、あるいはプーチン亡きロシアが戦争を断念して――これはウクライナと欧米が勝利することを意味するわけですが――その勝者の秩序を喜んで受け入れるような状況が生まれなければ、結局、いっときは停戦しても、本当の意味での平和というのは来ないだろうと思います。

余計なことですけども、これはアメリカも日本もすごく勘違いしている点だと私は思うのですが、日本はかつてアメリカに無条件降伏をして、勝者であるアメリカの秩序を喜んで受け入れたわけです。それがアメリカとしての大きな成功体験になって、日本としても負けた者はそういう状況になるのが当然だみたいな感覚が残っているのですが、世の中にあまたある戦争は、実はそんなことで終わり切らない。朝鮮半島の現実を見ても、それは分かると思うのです。だから、繰り返しになりますが、戦闘行為そのものを止めればいい、それで終わりというような感覚で停戦を考えるのではなく、本当の意味での終戦、つまり当事者が納得する秩序の構築を考えなければいけないだろうと思っています。

それからもうひとつ、アメリカの国際政治学者エドワード・ルトワックが、戦争の終わり方について有力な議論をしています。戦争を止めるために中途半端に介入するのは、停戦という状態を引き延ばすだけであって、結果として戦争を長引かせてしまって成功しないという議論です。冷戦後に言われるようになったものですが、アメリカが各地の紛争に介入することへの批判的な見方が背景にあると思います。ルトワックが言うのは、本当にお互いが疲れ切って、もう戦場では決着できないことを悟るまでは、絶対に平和というものは来ないんだということです。この考え方でいくと、今は欧米が武器支援をしていますが、武器支援が続く限り、そして先ほど言ったようなウクライナの国民世論がある限り、戦争は終わらない。ただ、では、お互いが疲れ切るまで戦争をやらせますかというと、それは、あまりにも我々の気持ちと離れすぎている。

放置していいなら、誰も悩まない。悩みが愚かさの裏返しだとすると、放置がひとつの知恵かもしれません。しかしそれは、何のための知恵なのか。こうして、戦争の終わり方を論理的に考えれば、現在進行中のこの戦争が終わる論理が見えてこないという悩ましいところがあります。

余談ですが、フランスのマクロン大統領は、「ウクライナの敗北もロシアの崩壊も受け入れられない」という趣旨のことを言っています。まったく同感なのですが、それでは、どちらも負けないというのと同じなので、戦争の論理的終わりはあり得ないのです。しかし、それを追求しなければならないところに、クラウゼヴィッツの時代を超えた今日の戦争論の課題があるように思えます。

3　停戦をどう実現するか

では、そういう中で、停戦をどうやって実現するかを考えていかなければいけない。

二〇二二年三月のウクライナ停戦案は合理的なラインである

二〇二二年の三月の下旬でしたが、トルコの仲介でロシア、ウクライナの停戦協議が行われました。この時にウクライナが出していた停戦の条件は、自分たちはＮＡＴＯ（北大西洋条約機構）に加入しない、そしてクリミア問題は一五年棚上げする、それから東部二州の扱いについては首脳同士の協議に委ねようというものでした。結果的にプーチンは受け入れなかったんですけれども、私は、これは今でも一番ベースになる合理的なラインだろうと思っています。今や一年以上前の話になって、両者ともなかなか受け入れがたいでしょうけれど、停戦を求めるなら、今でもそのベースになり得るものです。

難しいのは何かというと、朝鮮戦争の時のような双方が妥協し得る停戦ラインが引けるかということです。朝鮮戦争の場合、大体三八度線を挟んですみ分けていたのが、北が攻めてきて、釜山《プサン》まで韓国、アメリカが追い詰められた。しかし今度は押し戻していって、鴨緑江《おうりよくこう》に到達しようというところで中国が介入してきて、泥沼になって、結局三八度線で膠着《こうちやく》したという経過がありました。お互いに骨折り損のくたびれもうけのような状況が生まれたので、双方が収まりやすい地理的なラインで、戦争前の原状を回復するような形で収まったと思うんです。

私はウクライナ東南部の具体的な地理はあまりよく分かりませんが、東南部四州はロシアがすでに俺のものだと宣言してしまっている。その上、戦争前の住民の混在そのものが紛争の種であり、お互いがその紛争前の状況に不満があったわけですから、どこかで地理的な線引きをするというのは、なかなか難しいように思います。

仮に、停戦ラインが、撃ち方をやめた時のお互いの陣取りを反映するとすれば、やはり少しでも有利な状況をつくり出そうとして戦争することになる。それこそ何百メートルのために何千人も犠牲者を出して、何か月もかけるような戦争が続かざるを得ないと思います。だから、東南部四州のどこにどう線を引くのかというのは、当事者でないと分からないし、そういう意味で非常に難しいところがあります。

国連はどうすれば本来の役割を発揮できるか

それが現状ですので、両方に戦闘、撃ち方をやめる意思が今は存在しないことは明らかです。だとすると外からの介入が必要になるのですが、ではその介入者はどういう者でなければいけないかというと、停戦を強制して、したがわない者に懲罰を与える、そして順守した者にご褒美を与える、その力と、そうすることのレジティマシー（正統性）を持った者でなければいけない。だから本来、それは国連安保理の役割だったわけですが、安保理常任理事国のロシアが戦争の一方の当事者ですから、今は機能していないわけです。

ただ、私は、国連が破綻したのではないと考えます。五大国の特権を前提にする今の国連の制度設計が破綻しているというのが正確な見方だと思います。

一方で、五大国を中心とする地政学的な勢力圏、すみ分けが破綻し、そして他方で、グローバル・サウスと言われるような政治的な力が新たに台頭してきている状況の中で、国連の制度設計を変えていくことを考えなければなりません。現在、国連総会でも安保理改革とか国連改革の議論がなされていますが、五大国の特権を前提にする安保理ではなくて、もっと大きな国際世論の多数を前提にするような構想が求められています。ゼレンスキーが二三年九月の国連総会の一般演説の中で、国連総会にもっと大きな力を持たせて、たとえば三分の二の総会決議があれば安保理の決定をオーバーライド（変更）するような制度を考えるべきだと発言しました。具体的なアイデアまでは私は提示できませんが、ひとつの着眼点として、五大国が常任理事国のままであっても、もっと大きな国際世論に力を与える方向での国連改革は、私は賛同できると思っています。

誰が停戦を仲介することができるのか

とはいっても、国連改革には時間がかかります。現時点で何ができるかも考えなければなりません。

本来ならば、アメリカと中国が相談して、この戦争を止めさせるという一点だけで協調すれば、何らかの成果は得られるのでしょう。しかし、どうもお互いに、そういう状況にはない。バイデン政権はもうかなり戦争にのめり込んでいるわけだし、中国も、自分が損してまでやろうとは思っていないでしょう。

しかも、細かい話になってしまいますが、アメリカは来年（二〇二四年）が大統領選挙の年です。バイデン政権と何か合意できたとしても、大統領が替わってしまうと全部、ご破算になってしまいます。だから今、アメリカと本気になって、まともに何か合意を模索するような状況ではないということもあります。結果として、国連も安保理も駄目、米中も駄目ということで、能力と意思を持った介入者がいないということだと思います。

ただ一方で、サウジアラビアが四〇か国以上を集めて、ウクライナ戦争の和平のためのフォーラムを開催するとか、アフリカ連合の代表団がキーウとモスクワを訪問するとか、むしろグローバル・サウスの中からそういう動きが出てきているのはひとつの注目点です。それだけでは能力とレジティマシーの根拠がないのですが、可能性には注目しておきたい。

停戦を考える上で大事なことは、どういう状況で、どういうバランスの取り方をすれば、それが可能になるのかということです。すでに述べたこととも重なりますが、停戦というのは、どちらか一方が利益を得て、どちらか一方が不満だったら、安定的なものにならないので、どこかで崩れていく。私の感覚では、どちらかが満足では駄目だし、お互いに満足することもあり得ないので、結局お互いに不満なんだよね、でもお互いに不満なんだからしようがないよねという、そんなバランスの取り方を考えなければいけないということです。ウクライナについていえば、ウクライナは全土奪還の目標を諦めるということだし、ロシアについていえば、東南部四州の併合をもう決めてしまったけれど、そこは白紙に戻す必要があるということです。そこが、軍事的なバランス以前に考えるべき政治的な不満のバランスかなという感じがします。

一方で、停戦というのは、戦争の当事者だけが不満を抱えるというものではなくて、国際社会も何かを失わなければいけないものです。私は、古典落語に出てくる「大岡裁き」の三方一両損のようなものをいつも考えてしまうんですが、当事者の両方に不満を感じさせながら、国際社会が仲介に入るとすれば、国際社会自身も何かを諦めることが、多分バランスとして必要だろうと感じます。これはそう気軽に言えることではありませんが、戦争犯罪をどこかで曖昧な形にせざるを得ないとか、少なくとも両方に対して戦後復興のための支援をしなければいけないとか、そういう度量が求められてくると思います。そこには、三方の利益も生まれます。ロシアとウクライナにとっては、戦争で失われる将来の犠牲をなくすこと、国際社会にとっては、戦争を終結させ、非戦の普遍的道徳を復活させることです。

4　停戦から終戦への移行に必要なこと

では当事者が何かを諦める形で停戦ができたとします。しかし停戦は、まだ物事の終わりではありません。終戦に持ち込まなければならない。停戦と終戦と何が違うか。停戦というのは、みんなが不満を感じたまま、戦闘行為を止めるわけです。一方で、終戦というのは、当事者あるいは関係者にとって望ましい状況がつくり出されることです。

だから、終戦を語るのであれば、どういう状況が望ましいと受け止められるのかを考えなければいけない。それは何か。当事者にとって何が望ましいかは別として、少なくとも我々第三者にとって何が望ましいかといえば、とにかくこの問題が再び戦争にならないことです。そういう状況をつくり出さなければいけない。それは、つまり、戦争では問題が解決しないという教訓を共有しなければいけないということでもあります。ただ、そうすると、さっきのルトワックの議論に戻るような、そういうジレンマも抱えることになるわけですけれども。

さらに言うと、ウクライナ、ロシア双方の安全保障に関して、何らかの合意が必要だと思います。これを誰がどう実現していくのか。国連総会で採択された戦争一周年の決議でも、ロシアへの非難を確認した上で、戦争犯罪の追及という項目も入っていて、一四一か国が賛成しています。反対は七か国しかありません。こういう、まさに非戦を目指す国際世論をどういう形で制度化していくかということが、これから求められていくんだろうと思います。

その時に、さっきも言いましたけど、戦争犯罪に対して曖昧な態度を取るのか、あるいは賠償の問題をどうするのかが問われてくる。また、勝者・敗者がはっきりしなければ、賠償という問題も明確にはなりません。そういう状況で、戦争被害の復旧を誰が負担するのか。第三国が負担する形にならざるを得ないのかもしれませんが、我々の側、第三者の側が本当にそういうことで我慢できるんだろうかという、そういう重い課題が出てくるでしょう。

いずれにしても早く戦闘はやめさせたいけれども、しかし、私なりにいろんな角度から考えても、やめるという方向性は今のところ見えません。戦闘が止まるという展望が見えない。しかし、いずれ止まるということを想定すると、我々としては、その戦闘が止まった後の国際秩序とか、両者が置かれる状況というものについて、何が我々にとって望ましいのかを考え、備えておく必要があります。再び戦争にならないという観点で、当事者がどう考えるかはともかくとして、我々がどういう戦後の状況を望むのか、いろいろ考えておくことが大事だと私は思っています。

長々と話してきましたが、結局、こうすれば止まるというアイデアを、最後まで出せないまま、私の発言を終わってしまうことになります。ゼレンスキーの「論理」は、「同情するなら武器をくれ」ということですが、国家指導者ではない我々としては、「同情するなら知恵を出せ」と言われているのだと思います。

しかし、少なくとも我々が学ぶべき教訓というのは、前から言われていることですけれども、やはりこのウクライナ戦争を見ていても、戦争を始めることは極めて簡単だが、終わらせることがいかに難しいかということです。少なくとも、どう終わらせるかというビジョンや終戦の展望なしに戦争を選択することは、もう絶対にしてはいけないということです。どんなに精緻な出口戦略を持ったところで、そんなものは戦争が始まってしまえば、単なる紙といいますか、机上の空論になってしまう。それが戦争の常なのですけれど、少なくとも、終わらせ方を考えずに戦争を始めるようなことが、いかに無駄で愚かしいことかを、我々としては、最低限の教訓として、心に刻まなければいけないと思います。

Ⅱ　林吉永氏の第一発言──戦争の歴史から見た停戦と専守防衛

私の話のベースは、「戦い方」という文脈で見て、ウクライナの戦争イコール専守防衛型戦争である、ということにあります。日本では、国の安全保障政策の根幹に「専守防衛」を据えています。政策という文脈では「専守防衛」が言葉の道具化《おもちゃ》され、その解釈も、政府や与党が主張する内容に応じて「守りに徹底するものだ」から、「日本に侵攻する企図に満ちた対象国の領域までも攻め入ることができる」に至るまで複数存在し、国民には分かりにくい「語彙化」をしています。そこで戦争史において、戦争がどのように終わっているのかに関心を示しながら、お話ししたいと思います。

1　専守防衛とはどういう戦い方か

ウクライナで行われているプーチンの戦争からは、「国の防衛作戦」について多くの示唆を得ることができます。この戦争からはまず、政治的文脈ではなく、軍事における専守防衛の概念が形成、整理できます。

専守防衛の概念を整理する

日本における専守防衛は、一九五五年（自衛隊と防衛庁の発足翌年）、杉原荒太《あらた》防衛庁長官の国会答弁（第二二回衆議院内閣委員会議事録）で初めて出たとされ、国会において、「専守防衛とは、日本が武力攻撃を受け初めて防衛力を自衛のための必要最小限の範囲で行使することであって、防衛力は自衛の必要最小限のものに限る受動的な防衛戦略の姿勢」（筆者要約）とその考え方が示されています（一九八一年『防衛白書』）。戦後、敗戦国として裁かれた国家を「普通の国」として世界に復帰させる願望が強かった日本とドイツでは、この「専守防衛認識」を共有していたと考えます。しかし、政策的思考を受けた軍事的思考においては、次のような概念で「専守防衛」戦を行うものと考えます。

専守防衛は、第一に相手が撤退するまで最後の一人まで戦いを継続することであり、第二に自国内で自国勢力のみが攻撃勢力と戦闘する形であって、守る側が相手側非戦闘員を殺傷しないという原則があると考えます。したがって、相手領域内での戦闘は行われない、というのが原則であると考えます。

その結果、専守防衛型の戦争というのは、戦争そのものが地域的に拡大することがありません。この件については、後で問題点として触れたいと思います。

それから、専守防衛においては、自国国民の生命財産の犠牲は不可避です。国民にはそのための覚悟が絶対に不可欠です。したがって国民の犠牲を覚悟するコンセンサスがしっかりできていない国では、一〇〇パーセントということではありませんが、専守防衛を採用することはできない。客観的にウクライナの戦争を見ていても、先ほどの柳澤さんのお話にもありましたように、ウクライナの国民の決意というのは実に固いものがあります。そのような視点からも、国民の覚悟というのは絶対必要条件であるという認識を持っております。

深刻な犠牲が不可避だからこそ

専守防衛というのは、大変な犠牲と覚悟が求められるので、「攻撃は最大の防御」だからとして、攻撃に転ずる話になりがちです。しかし、日本は第二次大戦で攻勢作戦の失敗を経験しており、それが他国を戦場と化して非戦闘員である他国国民に犠牲を強いる禍根を残すことも経験しています。この戦争のやり方が正しいか正しくないかを全国民で考えることをせずに、国の命令で日本国民を総動員し、他国非戦闘員にさまざまな犠牲を強いた結果、日本が戦後、今もって中国、韓国との関係に、「憎しみや恨みという感情の存在」で苦労をしているわけです。

だからそういう戦争はしてはいけない。「必要最小限の範囲で」とは、他国領域に攻め入らない、「座して死を待つ」のではなく、侵攻勢力に対峙《たいじ》し一億総玉砕を覚悟するまでの専守防衛戦に徹するのだということです。その最悪の事態に陥るのを回避するためにも、やはり戦争はしないでおこう、してはならない。だから、そのためには何をしなければならないかというところに持っていかなければなりません。

柳澤さんがたびたび言われているのですが、「国家が消滅すれば国民もまた消滅してしまう」のです。ですから、敗戦に至れば国民の戦後における処遇は極めて悲劇的なものになります。これは古代から繰り返されたすべての戦争においても同じです。国益を中心に据えて戦争して、得る国益がない場合、相手国の国民を奴隷にして売り、国益を得ていたわけです。あるいは、売る価値もなければ、自分が入る穴を掘らされて、生き埋めにされるんです。古代も現代も敗戦の仕置きは大同小異で、敗戦国の無辜《むこ》の民を苦しめます。それが大陸国の戦争であったわけです。

それから、専守防衛の作戦上の目標は、攻撃勢力の攻撃意思を減殺することにあります。すなわち、相手に攻撃を諦めさせなければ、専守防衛作戦の成功はないわけです。

その目的を達成するためには、重複しますが、自国は全国民一丸の抗戦意思の持久と犠牲を覚悟する究極の忍耐が必要です。それをもって抵抗しなければいけないというのが専守防衛なのです。

専守防衛を考える上では、国民の逃げ場の問題も避けることができません。ウクライナのように国境線を一歩踏み出せば他国の領土に行ける大陸国家と違って、日本の場合は逃げ場がないのです。船舶や航空機を利用できなければ、日本列島内しかいるところがない。

ところが現在、政策上で言われている専守防衛では、こういうことが一切語られていません。島嶼国《とうしょこく》日本の場合、国民がどこへ逃げて行けばいいのかということについて、政府が考えている様子はありません。国民の保護が叫ばれていますが、実態はまったく無視されているに等しいわけです。

だから、日本では、ウクライナ型と異なり逃げ場に窮しますから、一億総玉砕ということになります。極端な言い方ですが、日本型の専守防衛にはそのような特徴があると考えております。

2　専守防衛はどのようにして成り立つか

次に、専守防衛を成り立たせる要件についてお話しします。

戦闘が長期にわたっても必要なことは何か

そのひとつは、侵攻勢力が侵攻企図を放棄して、日本から撤退することです。すなわち相手に侵攻を諦めさせるために、戦闘が長期にわたっても、専守防衛力を維持し続けなければいけません。

ウクライナの場合も、ゼレンスキー大統領が言っている「戦闘装備の支援」は、まさにこの持久力のことです。自国独自の戦う力がなくなれば、防衛を諦めざるを得ない状態に陥っていくはずです。そういった意味で、まず力を維持することができるかどうかということに専守防衛の成否がかかってきます。

防衛作戦遂行の正当性が担保されることは何を差し置いても大切です。専守防衛は、敵の勢力侵攻からの守りに徹した戦いですから正当性を担保できているわけですが、徹頭徹尾、主観・客観両面的にこの戦争は正当であるという観点、意思が必要であり、国際社会の認知、評価、認識が満たされた状態で戦わなければいけません。

国民の団結、覚悟、忍耐に加えて、もうひとつ、極めて重要な要件として取り上げるべきは、優れて強力なリーダーシップです。この視点は、現在のウクライナを見る限りにおいては、テレビとか新聞やネットの情報、あるいは国連でのゼレンスキー演説から判断するしかないのですが、パフォーマンスもあるとはいえ、極めて優れていると感じます。中でも、国民に覚悟させる説得性に満ちた言動が顕著です。これは強力なリーダーシップの源泉であると考えます。彼自身は、彼の自らの行動と発言で戦闘力を維持するための努力を、卑屈に陥ることなく、また恥も外聞も気にすることなく全力を尽くして行っていますし、それを可能にもしています。

専守防衛を成り立たせる要件について、さらに続けます。次の要件は、国際社会の絶対多数国の支援、同調の獲得です。

最近の国連総会におけるゼレンスキー演説（二〇二三年九月一九日）では、ニュース画面で見る限り、議場の五〇パーセントほどが埋まっていただけで、そう多くはありませんでした。しかしご存じのように、柳澤さんが以前ご紹介された国連総会（二〇二二年三月二四日）では、ウクライナ危機をめぐる緊急特別会合で、「ロシアが悲惨な人道状況をもたらしたと指摘し、人道支援強化を訴える決議案を賛成一四〇、反対五、棄権三八で採択」したように、一般論としては、ウクライナを支援し同調する国家は極めて多いのが現状です。絶対多数が、ウクライナの応援側に回っているということです。これは専守防衛にとって大きな力になると思います。

この問題を議論する上では、「戦闘要素」についての考察も欠かせません。

先ほどは「戦闘力」という面で申し上げましたが、ほかにも不可欠の要件があると思います。それは、「専守防衛戦争遂行に必要十分なお金、物資を確保し、維持して投入できるか」ということです。武器の供与についてはよく話題になります。しかし、お金についてどうなっているのかはあまり議論されていません。この点についてもしっかりと担保しておかなければ戦争はできません。

それから、国民生存の抗堪《こうたん》性を強化する施設設備の整備も極めて重要です。プーチンの戦争が開始された直後、この座談会にご出席の加藤朗さんが現地に行って帰ってこられて、お話を雑談で伺ったのですが、印象深かったのはマイダン・ネザレジュノスチ（独立広場）駅の深さが七〇～一〇〇メートル、アルセナーリナ駅も一〇〇メートル以上など地下鉄駅が地下四階だったということです。ものすごく深くて、それがシェルターになるわけです。そういった意図、企図を最初から持ってインフラ整備をしているかどうかも大事です。

秋田で陸上型イージス・アショアの計画が頓挫しましたが、基地周辺住民のために地下シェルターを造ってあげたら、住民の反対運動は起きなかったと思います。基地周辺住民保護優先の多目的長期滞在可能かつ平時利用可能型地下シェルターは、関連付帯設備の充実も併せ整備していけば、専守防衛のための施設設備整備のモデルになったはずです。

上陸侵入の拒否と海空優勢

さらに、攻撃勢力の我が領土への上陸侵入は絶対拒否しなければいけません。先日、あるテレビでモンゴルの元寇《げんこう》について放映がありました。神風が吹いたから元寇を撃退できたということなんですが、神風が吹かなかったらどうだったろうかというシミュレーションをやっていました。一二、三万の大軍が押し寄せてくるわけですから、次から次へ上陸されるのです。上陸勢力が分散して日本に上陸する。そうしたら、たちまち大宰府《だざいふ》や周辺集落が占拠、略奪、暴行、殺戮《さつりく》されてしまうというものでした。とにかく相手が上陸してきたらおしまいです。極端なことを言いますが、たとえば、日本の一〇倍の人口がいる中国から国民の一割が日本を攻めてきたら、日本人の数と一緒なのです。それだけの人数が上陸してきたら、日本が抵抗するのはほぼ無理でしょう。

また、防衛作戦上必要な海空領域における海上優勢と航空優勢、これを獲得しておかなければいけません。今ウクライナにおけるプーチンの戦争では、安価で操縦技術が安易、しかもレーダーなどセンサーによる探知が難しいドローンが多用されています。ドローンが新たな航空戦力の一翼を担って航空優勢を獲得する時代の予兆かもしれません。これからは、専守防衛作戦に供されるドローンの攻勢・防勢作戦に果たす役割が注目されます。

専守防衛の「戦闘要素」について続けます。攻撃兵器に対する迎撃兵器ですが、「百発百中」で日本に対する攻撃をすべて無効化することはできません。攻防それぞれ兵器の優劣には相性があります。相手兵器を特定して技術開発した迎撃兵器はその特定の相手に強いわけです。当然その逆もあります。専守防衛側は、多岐多様な兵器を駆使して攻撃勢力の何割かの兵力に損害を与え、攻撃側の意図・企図を削《そ》ぎ、侵攻を断念させるわけです。

孫子の兵法や英国の航空工学技術者フレデリック・ランチェスターは、おおよそ三〇パーセントを超える損害が出た側が敗北するという目安を導いています。このような考え方を採るならば、我の軍事力の損害を三〇パーセント未満に抑え、敵の損害を三〇パーセント以上にする防衛作戦が成功すれば勝利するわけです。数式だけでは勝敗の決着を導けませんが、指標にはなります。

あの手この手で日本を攻撃する相手に応じて、こちらも多岐多様な兵器を保有し柔軟かつ有効に対応しなければいけません。戦争を覚悟するならば、可能な範囲の質と量を備えたあらゆる防衛装備を保有する必要が生じます。専守防衛用の兵器というのは存在しないし、最終的には、持っている装備の的確な運用に専守防衛の成否が託されます。この点、我が国の今日における政治主導型防衛予算には、専守防衛の成否を問える戦略・戦術思想がありません。

加えて、国内に潜在する敵性勢力の工作・欺瞞《ぎまん》・破壊などの諸活動や、サイバー攻撃などを排除しなければいけません。このためには、全国民の協力が必須です。権威主義国家とか絶対主義国家では、協力しない住民や反体制勢力を特別に、また強権的に監視、逮捕捜索、拘束、隔離、処罰する機関を置いているわけですが、日本の場合は、どのように国民の協力を得るかノウハウを考えておかねばなりません。この点について、ウクライナではこの戦時下、どのように対応しているか、専門的な話は聞こえてきておりません。

「専守防衛」の要件として、最後に戦後復興の問題も大事です。国民自身が自分たちの生活を取り戻そうとして必死に頑張ることは確かですが、国際社会が無償で支援する体制を構築しなければいけません。戦時中に頑張れ頑張れと言うだけではなく、いかに戦後復興に力を貸せるかが問われます。この体制は、他に対して普段からどれだけ尽くすかによって我が身に返ってくるものが計れることにもつながっていきます。

3　侵攻する側の対専守防衛作戦について

ここまでは専守防衛側のお話をしてきました。他方で、攻める側の事情も考えなければ守りようがありません。

長期消耗戦においては何が必要か

ウクライナにおけるプーチンの戦争をモデルとした場合、開始早々にウクライナが降伏するどころか、現在では頑強な専守防衛にてこずり、相手が降伏するまで戦うことを目標に置いた長期戦を覚悟しなければならない様相を呈しています。長期戦では、攻める側、守る側双方の消耗が蓄積していきます。そうすると、大国が有利になってきます。長期消耗戦を想定すると、戦闘員の補充が困難になる上、上限が見えなくなるほど戦費がかさむことを覚悟しておかなければなりません。今、戦争の継続が言われています。ですから、攻めるロシアは、ウクライナの疲労を加速させる作戦に転ずるのではないでしょうか。

それから、攻める側は、攻防優劣の決定的な転換をいつどこの戦闘に求めるか考えるはずです。甲乙つけがたい長期消耗戦、一進一退を続けている戦況時には、第三国の介入が戦局を支配することが戦争史に多く見られます。紀元前五世紀のペロポネソス戦争では、アテネを中心とするデロス同盟から離反者が多数出たこと、スパルタを中心とする専守防衛型のペロポネソス同盟が、デロス同盟から離脱する国を直接に支援したことによって形勢が逆転しました。第一次世界大戦、第二次世界大戦においては、アメリカが参戦して戦局が大転換して勝敗が決した事例があります。したがって、ロシアにとっては、ベラルーシが直接にウクライナの後背を突く軍事行動に出れば、形勢有利に傾くでしょう。プーチンは、ウクライナがロシア領あるいはベラルーシ領に侵攻した途端、特別作戦を防衛戦争に変えて、ウクライナ支援国が直接に参戦するまでに決着をつける算段をしているのではないでしょうか。

さらに、防衛戦争の史的事例には、紀元前五世紀に行われたペルシア帝国の侵攻に対するギリシア本土のマラトンの会戦、サラミスの海戦、アナトリア半島イオニアでのミュカレの戦いにおけるギリシア陸・海軍の圧勝、近代戦争では日本のミッドウェー海戦における米海軍の圧勝のように、重要局地戦での圧倒的勝利が、戦争の帰趨《きすう》を決することがあります。ですから、一時的であっても、防御側の戦闘力の喪失を強いれば、攻める側としては有利に戦局を展開できます。そのため、プーチンの戦い方には、圧倒的な戦力集中が必要なのですが、むしろ戦力を小出し分散して、なおかつ最先端装備を投入しておりませんから、専守防衛側のウクライナが互角以上に戦えています。

精神的な団結という視点、殲滅作戦への移行の可能性

それから、専守防衛は、徹頭徹尾「受け身」であるがゆえに堅固な精神的団結が求められますから、ロシアは、防御側で鉄壁の防御態勢を敷くウクライナ軍内部の破綻を生じさせる寝返りを画策することが考えられます。そのため、前もって工作員を送り込むわけです。この逆も発生しますが。しかし、プーチン体制内においては寝返りを期待することは至難であると考えます。

実はソ連のアフガン侵攻（一九七九～一九八九年）時の失敗は、ソ連が最初に投入した兵力が、ソ連軍ではなく、ソ連が後押ししたアフガニスタン軍だったため、ムスリムの相打ちの体を成し、そのアフガニスタン軍がソ連に敵対していたムジャーヒディーンに寝返ったことが原因でした。そのため最終的にはソ連軍を送り込まざるを得なかったわけです。

次に考えなければいけないのは、戦争の先行きが膠着状態に陥った場合です。プーチンは、ウクライナが後退しない、あるいはプーチンの思い通りに事が運ばない場合、圧倒的軍事力を行使して殲滅作戦への移行を考えるでしょう。もちろん、ウクライナのロシアあるいはベラルーシ領への侵攻が前提ですが、戦争そのものが、クラウゼヴィッツが言う「相手が倒れるまで戦う決闘にも似た『絶対戦争』になる」最終的な段階に入っていくことを危惧します。広島、長崎への原爆投下が日本の降伏を導いたように、核兵器使用は、決して脅しだけではなく現実に考えていると思います。それこそが戦争における軍事的合理性であり、典型的な殲滅戦拡大への移行は、ウクライナの国家滅亡を意味します。

第一次・第二次ユダヤ戦争（六六〜七三年及び一三二〜一三六年）は、ローマ帝国の圧政に対するユダヤの叛乱《はんらん》を鎮圧する戦争でした。叛乱は、この間イスラエルやマサダなど各地で頻発したために、ローマ帝国は徹底した殲滅戦を行いました。終戦処理は、属州ユダヤを消滅させ、ユダヤはローマ帝国属州シリア・パレスチナとなります。ユダヤ人は、難民として世界中に散ってユダヤ・コミュニティを設けるディアスポラの時代に入りました。こういった殲滅戦争は大陸の戦争の常でした。プーチンの戦争もその流れと様相において「大陸型の戦争」ではないかと見ています。

さらに、相手が降伏しない場合、有利な条件で膠着状態を作為して撤退することが考えられます。それはテンポラリーな停戦、休戦です。朝鮮戦争の場合、金日成《キムイルソン》がやめたいと言い出したのですが、せっかく始めたのになぜ続けないんだということで、後ろ盾になっていた毛沢東とスターリンが反対します。ところが、スターリンが死んでしまうと、毛沢東も金日成に同調して、停戦し休戦協定締結となります。

勝敗を覆い隠した撤退という事例もあります。当初の軍隊を送り込んだ企図、意図、目的を放棄して撤退するという終戦の形です。客観的には、専門家と言われる人たちがその戦争を批判の対象にします。たとえばベトナム戦争終末のアメリカの逃げ出し方がそれでした。ソ連のアフガン侵攻もそうでした。イラク戦争も、最終的には目的を達成していないのです。最近では、アメリカ軍がアフガン侵攻から逃げ出すように撤退しました。これらは、勝敗を覆い隠して撤退し、当事者が勝敗を語っていません。

新世界秩序の中での長期戦の行方

次に、うまくいく場合も、いかない場合も含めて、プーチンの戦争で予測されるケースを考えてみます。

長期戦は、ウクライナが解体、あるいは分断されてバルカン化を招くのではないかと考えます。

また、長期戦は、ゲリラ、テロ戦の発生を促す可能性があります。アフガンがソ連相手に戦った戦争でも、あるいはアメリカを相手にして、ベトナム、イラク、アフガンが戦った戦争でも、そのような現象が戦争をやめる誘因でもありました。

それからもうひとつは、朝鮮戦争化も考えなければなりません。当時は、世界の南北分断や東西分断が、冷戦構造の中で当然のように起きていたのですが、一時の鎮静化の手段としては考えられるでしょう。

さらに、ロシアが核兵器使用によって殲滅戦争に移ると、ウクライナが核汚染された焦土と化して人間が住めなくなります。福島の原発事故によっても、人々が長く戻れない地域が生じることになりましたが、核戦争になると非生存圏、生存していけない地域が出てくるわけです。それでも、ウクライナは生存圏を確保できるのでしょうか。

次に、ニュー・ワールド・オーダー、新世界秩序がどうなるかという話です。いくつか問題があります。

政治家や有識者の中には、国際秩序という言葉を振り回す人が少なくありません。その場合、まるで国際秩序が共有されているかのような認識に立っているように見えます。しかし、国際秩序は多様化しているのが現実だと捉えられます。すなわち、秩序は分断されており、秩序が共有できないでいるということです。

このような世界が戦争しない安定した状態を取り戻すために何が必要かといえば、その異なる秩序が、お互いの寛容さと忍耐によって妥協していかなければいけないということです。旧冷戦のような、西側の秩序と東側の秩序が、ある程度折り合いをつけて存在しているのではなく、多様化した秩序の中で共存していかなければいけない世界が生じてくるだろうと思います。

このように異なる秩序が混在する時代には、国際システムの改革が求められます。それは現国際連合安全保障理事会常任理事国のように、第二次世界大戦の連合国意識がいまだに残る大国だけがリードするものであってはいけません。国連改革にはこの自国の権利と国益のために拒否権行使を振り回す常任理事国制度が障害となります。

これまで国際社会に影響を与えるアクターになってきたのは、アメリカ、中国、ロシア、EU、NATO、そして日本でした。これに対して新たに力をつけてきた諸国家が影響力を発揮し始めています。この国際現象は、ふたつの国家群の対立構造が新たに生じる気配を示しているのではないでしょうか。これも新たな秩序の対立に発展するのではないでしょうか。

ちなみに非同盟の新中立概念も一考の価値があると思います。今までの古典的な中立概念ではなくて、インドであるとか、非同盟国家ではありませんがトルコのような、諸国との敵対関係が希薄で、国家間のもめ事解決の仲介役として最善の友好国家として存在できる「国のかたち」です。古来、日本には「どっちつかず、あるいはどちらにもくっつくご都合主義」は「コウモリ」だとか「内股膏薬《ごうやく》」と呼ばれ、あまりよく思われていなかったのですが、この意味合いを善なるものに転化して、強《したた》かで、非戦を貫ける、国際社会から一目置かれ信頼される国家を考え、産み育てたらいかがでしょうか。

4　戦争史に「終戦」を観《み》る

次に、「戦争史に『終戦』を観る」というテーマでお話しします。

古代から中世までの戦争から

ペルシア戦争（紀元前四九二〜紀元前四四九年）では、ギリシアが専守防衛の成否を決するマラトンの会戦、サラミスの海戦、ミュカレの戦いで大勝利してペルシア軍を撤退させました。戦後処理のカリアスの和約では、ギリシアがペルシア帝国にエーゲ海に出てこないことを約束させました。しかし、ペルシア帝国は、大会戦で敗北したものの国が亡《ほろ》びるあるいは傾く致命傷を負ったわけではありませんでした。

ペロポネソス戦争（紀元前四三一～紀元前四〇四年）では、ペロポネソス同盟の対アテネ封じ込めが成功し、アテネへの食糧供給源だった黒海周辺とシチリア島の植民都市を結ぶシーレーンを遮断、チョーク・ポイントの封鎖が市民に餓死者、疫病を多数出すことになり、アテネが降伏して終戦となりました。

アレクサンドロス大王の東征（紀元前三三四～紀元前三二三年）は、大王の死去で遠征に終止符を打ちました。

日本の古代対外戦争、白村江の戦い（六六三年）は何だったのか。この戦争は、すでに国が亡び根拠地も持たない「百済復興」に賭ける勝利の目算なき戦争でした。唐及び朝鮮半島に関する情報の不備、唐・新羅連合軍の兵力に対し圧倒的劣勢な戦力で戦い敗戦しました。教訓は、戦後、朝鮮半島に駐留した唐の軍隊を脅威の対象として、絶対に侵略されない専守防衛国家建設に活かされました。付言すれば、地政戦略上、日本の安全保障にとって特筆すべき政策は、戦後ただちに行われた、しかも、敵対し、敗戦した相手国への遣唐使の継続派遣と新羅との使節交換でした。

十字軍の遠征（第一回一〇九六年～第九回一二七二年）は、ムスリムに奪われたエルサレムの奪還が「神の啓示（マニフェスト）」でした。十字軍は、ヨーロッパからエルサレムへの道程で占領、略奪、暴行、破壊などを行っています。さらに、十字軍は、遠征を重ねるうちに奪うものがなくなり、エルサレムから外れた各地に転戦しました。十字軍は、神の名を騙《かた》った暴挙であり、二〇〇〇年三月、ローマ教皇ヨハネ・パウロ二世は、ミサ聖祭において世界にカトリックが犯した十字軍などの過ちを謝罪します。エルサレム奪還もできず、得るものがなくなった十字軍は約一八〇年間に及ぶ争いから撤退していきます。

地球上の大地の約一七パーセント、ユーラシア大陸の半分近くを征服しながら、なぜモンゴル帝国（一二〇六～一六三五年）は世界を支配できなかったのか。モンゴルの征西について、イギリスの地理学者マッキンダーは、「一兵卒に至るまで騎馬で戦うモンゴルは、草原の地形に制約を受け、森林と山に阻まれると、そこで戦争できなくなっておのずから戦争を終息させる」（筆者要約）と書いています（「地理学からみた歴史の回転軸」曽村保信訳『マッキンダーの地政学─デモクラシーの理想と現実』原書房、二〇〇八年、二六三頁）。

近代の戦争以降

三〇年戦争（一六一八〜一六四八年）は、古典的大戦争に見られる戦場の分散がヨーロッパ中に拡大していました。長期化し、厭戦《えんせん》気分が満ちてくると、それを利用してフランスの宰相のリシュリューが神聖ローマ帝国を葬るという野心の下に、「終戦」調停の主役に躍り出て力を発揮しました。そこに戦争が終わったきっかけがあります。

ナポレオン戦争は、自滅によって終わったと言えます。あのナポレオンでさえ、モスクワ遠征の時に、戦闘原則を守っていませんでした。天象気象の状況掌握、障害克服と後方の確保を軽視していたと言わざるを得ません。

「諸国民の春」は一八四八年にヨーロッパ各地で起きた革命ですが、これは、封建領主国家に戻ったウィーン体制から、またフランス革命に出直した同時多発革命でした。いわゆる時代精神が非常に旺盛に発揮、開花したナポレオン戦争の昇華ということでしょう。

第一次世界大戦、第二次世界大戦では、結果的に多勢に無勢が勝敗を決したと考えます。身の程を知らない側は、そもそも勝てる要素が極少であるにもかかわらず、各所の緒戦で勝ったために悪乗りして、彼我の戦力比に計算ミスを犯しています。それにも増して重大な要素は、「戦闘力に優れた助っ人——アメリカ——の参戦」でした。集団的自衛権行使を容認せず、孤立主義を貫いてきたアメリカの個別的自衛権行使を引き出した、第一次世界大戦におけるドイツの「ルシタニア号攻撃」、第二次世界大戦における日本の「真珠湾攻撃」は戦況の大転換のトリガーとなりました。

冷戦については、東側の国力の限界と、西側の東側を凌駕《りょうが》する経済及び軍事力が東側をギブアップさせたという認識を持っております。

低強度紛争について触れておきます。低強度紛争に大国が介入する時、大国には低強度紛争当事国の地理学的性格にかかる知見に乏しく、かつ当事国の風俗、習慣をまったく無視していることが多く、かえって敵対感を生んでしまっています。大航海時代には蔑視、差別が高じて殺戮、排除に及んでいます。植民地支配の時代も、北米移民開拓時代も同様でした。白人、いわゆるヨーロッパ諸国の白人たちは、すべて自分勝手に行動したわけです。

しかも、近代国家が多くなると、あの二〇世紀最大の歴史家の一人と言われたトインビーが野蛮国と言った諸国も、野蛮国ではなくなってきます。白人のやりたい放題にはさせないという意識が生まれてきます。二〇〇〇年夏、オスロで開催された第一九回国際歴史学会議参加時、インドの歴史学者が発表後に発言した言葉が今も耳に残っています。「世界の歴史は白人種だけのものではない」。

代表作『歴史の研究』でも著名なトインビーの文明史観は、有色人種の文明を認めながらも「白人種文明優位」に立っていると考えます。

それは「異文明がどこまで西欧化できるかは、西欧の中産階級の生活様式にどこまで同化できるかということにかかっている」（筆者要約）とトインビーが述べていることにも感じ取ることができます（「歴史の研究」長谷川松治訳『世界の名著73 トインビー』中公バックス、一九七九年、四三九頁）。私はこれを「後進の世界が先進の西欧世界同様の文明社会になるには」を述べていると理解します。このような白人種の上から目線は、すべてではないにせよ、諸地域の低強度紛争介入における白人大国の行動にも顕《あら》わで、紛争当事国国民・地域民族の反発を招いていると考えます。

事例から見る終戦に至る要因

これらの事例をまとめます。

専守防衛戦争終戦決定の要因は、侵攻側による征服・支配・併合・殲滅・略奪などの戦争目的達成の断念です。さらには、断念させるきっかけとして、専守防衛戦闘において決定的な戦術的勝利を収めることが必要です。

また、戦争制御能力には限界があります。無勢で多勢に立ち向かうのは玉砕に近い戦闘です。先の戦争で日本がアジア・太平洋に兵力を展開して戦闘力維持ができず敗戦のドミノ倒しに陥った如《ごと》く、小国が身の丈を超える広大な地域に兵力を展開して戦うなど無理です。別《わ》けても、指揮官の能力・資質は最重要事項です。指揮・運用の活動には誤解や錯覚がつきもので、過信もあります。そして戦争の本質とか軍事力の役割に関わる無知が、戦争をいたずらに長引かせることがあります。逆に、この無知が原因で敗北に至り終戦する場合もあります。

5　現代戦の特徴から来る終戦の困難性

最後に、現代戦の特徴が終戦の困難性を生み出している問題に移ります。

RMAと非RMAがもたらすもの

現代戦が過去の古典的、あるいは古代、近代の戦争と比較して難しい特徴を持つのは、RMA（Revolution in Military Affairs：軍事上の革新）によって戦争装備技術、戦術などが進化しているからです。たとえば、仮に中国が日本を攻めるならば、最初から着上陸作戦は敢行しません。

大量のミサイルを日本の要所に撃ち込んで、あらゆる国家機能、生産機能、インフラを無力化してから着上陸に移行するはずです。

戦争学に無知な文民指揮官によるシビリアン・コントロールという悩ましい問題があります。AI化が進んでいますが、AI化によって自衛隊を制御すべき国家指導者自身の識能が劣化して、シビリアン・コントロールが混乱する事態を招くことが考えられます。その混乱が、戦争を止める時期を誤らせ、それ以前に、戦争という愚かな選択に走ってしまう危惧を払拭できません。

他方で、非RMAの分野もあります。それは人間固有のアナログ的な感性であり、地理学的環境が造り出す国家や民族のDNA的な個性です。

大陸国家は、国境線を見れば踏み出す衝動に駆られるとか、国力がつけば国境線を押し広げたくなるという生存本能を持っていると、ドイツの地理学者ラッツェルが地理学書『人類地理学』において述べています。

大陸国家は、数千年何百年もの間戦争を繰り返し、戦争がなかった時代はありません。

ヨーロッパの人たちは戦争が常態である、常に戦争している国が身近にあると認識しています。いつ我が身に戦争が迫りくるか分からない世界にいますから、守る意識も強くなります。

ウクライナの場合は、歴史的に何回も国を蹂躙《じゅうりん》され、時には他国の統治下に置かれてきた結果が、今、ウクライナ人をして最後まで守り抜く意識を強くさせていると思います。

ロシアとトルコの戦争は一四回行われていますが、その一四回とも、ウクライナはロシアの軍隊に、あるいはオスマン・トルコに蹂躙されています。二度とそのような目に遭いたくないという意思が、歴史が積み重ねた現在のウクライナのＤＮＡではないでしょうか。

ウクライナとロシアにとっての停戦

ウクライナの場合、終戦の条件として求めるのは、国民と国の名誉の担保です。さらに、指導者の自尊心の保障、終戦の条件に国民が価値観を共有できて、最低限度に満足できることです。加えて、優れた調停者の出現、国際社会の無償の協力・支援、相手国に賠償を求めないこと、現ウクライナ国内の親露勢力自治にかかる譲歩があることも大事です。またウクライナ・ロシア間の終戦後秩序の形成と共有も必要でしょう。これは平和維持を確かとする二国間秩序の形成を成功させるだけではなく、世界の他地域における国家間紛争や摩擦解消に示唆を与える極めて重大な課題であると考えます。

ロシアの場合です。終戦の条件は、プーチンの意思や自尊心をどの程度尊重できるか、プーチンを満足させることができるか、あるいはその条件にプーチンが価値観を見出し得るかを整えなければなりません。

そしてウクライナの条件同様、優れた調停者の出現、国際社会の制裁解除も欠かせません。プーチンの逮捕状を無効にしないと終戦に応じないでしょう。

ネオ・ユーラシア主義をどう評価するか

付言します。アレクサンドル・ドゥーギンは、プーチンに格別の影響力を有する地理学及び地政学者です。二〇二二年八月、ドゥーギンの娘が、テロリストに爆殺されました。もともとはドゥーギンがターゲットであったと言われ、その日に限って、娘がドゥーギンの車に乗っていたため身代わりになってしまいました。

なぜドゥーギンが狙われたか筆者の説を加えます。プーチンの戦争はドゥーギンが吹き込んだという説が、ヨーロッパでは通り相場になっています。ですから、ドゥーギンを知るヨーロッパの人たちやロシアの反戦識者は、ドゥーギンがいなくなればなんとかなると思う面がある。だからこういう事件が起きたとも言えます。そのような意味では、ドゥーギンが吹き込んでいるネオ・ユーラシア主義をどう評価し、どう克服するのかを、国際社会は認識しておかなければばいけません。

さらに、NATOとEUの在り方、それに対峙するネオ・ユーラシア主義について、ネオ・ユーラシア主義を批判し何か注文をつけるだけではなく、世界全体という観点で覇権や戦争を前提とする地政学とは別の、必ずしも戦争に拘泥しない、地理学的思考を国際関係に活かすジオポリティークな世界秩序の存在を考えなければいけません。

蛇足ですが、調停者に誰が適任者かという課題と関連して、ひとつの見方を述べます。フランスのリシュリューによる三〇年戦争の調停のやり方は、神聖ローマ帝国を潰して、フランス主導のヨーロッパをつくろうとしたわけです。個人的な意見ですが、現在、リシュリューと似通った立場にいるのは習近平であり、アメリカにとって代わり、上に立つ野望を実現するにはこの手法が有効ではないかと思っています。

Ⅲ　加藤朗氏の第一発言――戦争は情報の相互作用である

1　開戦直後のウクライナで感じたこと

さっき自分のスケジュール表を見ていたのですが、この四人で最初の座談会をやったのは、二〇二二年の四月一日でした。そして私は、その四日後、ウクライナに向けて旅立ちました。矢も盾もたまらずに、という感じでした。二〇一七年三月に次いで、キーウは二度目の訪問でした。

国家間戦争は緊張感が違うが、そこには普通の生活が

これまで何か所も地域紛争の現場を回ってきました。内戦下のリビア、シリア、アフガニスタン、スリランカ、スーダン、パレスチナ、フィリピンのミンダナオ島などにも行ったことが

ありました。しかし、それらの内戦と比べて、国家間戦争というのは緊張感が全然違うという実感を持ちました。同時に、そこに暮らしている人にはみんなの普通の生活があるという、当たり前の現実があります。この当たり前のことがなかなか日本人には理解できない。

この前、岸田首相がウクライナに行った時に、キーウの人たちは普通に暮らしているじゃないか、本当に戦争をやっているのかと話題になったことがありましたが、戦時下の生活というものへの大変な誤解があります。戦時下では、普通の生活をすること自体が、戦争に抵抗するというか、あるいは戦っているのと同じという感覚を持ちました。

ポーランドからまずリビウにバスで入りました。国境では、ウクライナから脱出する女性と子供、老人を乗せたバスや車の列が延々と続いているのです。逆にもちろん、ウクライナに行くほうはガラガラでした。

開戦して間もない四月の上旬でしたから、日常生活が維持されている西部のリビウではともかくも、キーウは昼間でも人があまりいませんでしたし、地下鉄はもちろん全部閉鎖されていました。私が泊まった独立広場のすぐ前のホテルは世界各国からジャーナリストが集まってきていました。ジャーナリストしかいませんでした。食料事情も悪くて、ホテルでは夕食なしで、朝食しか出さないのです。夕食をどこで調達しようかと心配したのですが、私は調達先が分からないまま、朝食だけで終わるという日々でした。あとで調べると、わずかばかりレストランが開いていたようです。ただ二〇一七年に私が訪れたレストランは軒並み閉店していました。

ホテルの近くに教会がありまして、二人の兵士の葬儀が行われる現場に偶然行き会いました。日本の葬式と違うのは、遺体を棺《ひつぎ》から出したまま、教会の外で待つみんなが顔を見て最後の別れをし、それから送り出すのです。私も二、三〇メートル離れていましたけれども、表情までは分かりませんが、兵士の顔は見ました。家族や兵士も含め百数十人の会葬者が集まり、取り乱しているわけでもなくて、淡々と葬儀が行われているという感じでした。弔銃とともにふたつの棺が霊柩車《れいきゅうしゃ》で運び出されました。これが戦時下の国だなという気はしました。

ワルシャワとヘルシンキで

隣のポーランドにも立ち寄りました。往路のワルシャワでは街中の至るところにウクライナ国旗があって、駅やバスターミナルではボランティアの人たちが避難民やペットも支援する現場に遭遇しました。帰路に立ち寄ったクラクフの駅でも大勢の避難民（ほぼ全員が女性と子供）が支援物資の受け取りの列をつくっていました。

それから、帰りにヘルシンキで乗り継ぎになったのですが、日本のコロナ規制の関係でヘルシンキで二日間、留め置かれました。二日間自由な時間があったのでヘルシンキ市内に行ってみると、中央駅のドームの上というか、一番目立つところに巨大なウクライナ国旗がはためいていました。ヘルシンキやポーランドでウクライナの国旗を飾っている家も結構あったので、ウクライナ戦争がまわりの国にもいろんな意味で大きな影響を与えたんだと思います。

一年半経《た》っても戦争は終わらず、こんなに戦争が長引くということは、予想もしませんでした。ではなぜこんなことになったんだろうかという、最初にそのお話を少ししたいと思います。

帰国後、毎日報道されるウクライナの戦況を、とても冷静に見聞きできませんでした。現実の戦争から目をそらし、私のライフワークである硝石の社会史の研究や自分の本の校正に没頭していました。それは、国際紛争はなぜ起きるのかということを、ネオ・サイバネティックス・システムから考察した『国際紛争はなぜ起こるか―ネオ・サイバネティックス紛争理論の構築』（桜美林大学叢書、二〇二二年）という本です。この本に沿って、少しシステム論についてお話しして、システム論の視点から宇・露（ウクライナ・ロシア）戦争について考えてみたいと思います。

2　戦争の二面性――現実空間と言説空間

クラウゼヴィッツの『戦争論』の世界とシステム

今、報告のあった柳澤さんにしても林さんにしても、意識するしないにかかわらず、誰もがシステムという観点から物事を見ています。システムとは、ある問題意識を持った時に立ち上がってくる概念です。

たとえば、なぜリンゴは木から落ちるのかという問題意識を持った時に物体の運動に関わる物理的システムが、命とは何かという問題意識を持った時に生命機能に関わる生命システムが概念構成されます。モノを対象とする自然現象だけでなく、コトを対象とする社会現象も同様です。貧富の格差がなぜ生まれるのかという問題意識を持った時に経済システムが概念構成されます。

そしてなぜ戦争が起こるのかという問題意識を持った時に戦争システムが概念構成されます。宇・露戦争という問題意識を持った時、ウクライナとロシアというふたつの国家が武力を相互に行使し合う戦争システムが概念構成されます。この戦争システム論の嚆矢《こうし》がクラウゼヴィッツツの『戦争論』です。

「システム」という言葉や概念は、一八世紀半ばにアブラハム・トランブレーがヒドラの再生を発見したことで、それまでのホッブズに代表される機械論的、要素論的世界観が否定され、生気論的、全体論的世界観がヨーロッパ思想界を席捲《せっけん》したことで広まりました。カントもその影響を受け「システム」という用語で生気論的全体論の概念を受容していきます。その後、フィヒテ、シェリング、そしてヘーゲルのドイツ観念論の有機体論的国家観へと発展し、やがてハウスホーファーの大陸系地政学の基礎を築いていきます。

システムと情報

こうした、ドイツ観念論のシステム概念の影響を、彼らと同時代を生きたクラウゼヴィッツも強く受けています。したがって、クラウゼヴィッツの影響を強く受けた現在の国家間戦争の概念を引照すれば、それは概念枠組みとしてシステム論を受け入れているということです。

なにもクラウゼヴィッツだけではありません。現代のカプランやウォルツらの国際政治学をはじめ生命科学、物理学など、社会科学、自然科学を問わずあらゆる学知がシステム概念に基づいています。そして、何より重要なのは、システムが概念である以上、すべてのシステムは情報に還元できるということです。概念は、個々人が情報に基づいて分析枠組みとして頭の中で構成するからです。

リンゴが木から落ちる、というのは情報です。この情報に基づいて、それまでの学知や新たな概念（これもすべて情報です）に基づいて物理的システムが概念化されます。そして今度はこの物理的システム概念に基づいてモノとモノとの物理的関係が説明されます。

ここで重要なのは、モノとモノとの関係を観察している第三者はシステムとは無関係な神の視点を持つことになります。いわゆる客観性です。一方、モノを観察するように第三者としてコトを観察することは厳密にはできません。なぜならコトは情報から一人ひとりが構成した個々人の主観的概念だからです。たとえば宇・露戦争というコトは、宇・露戦争に関心を持った人が構成するその人固有の戦争であり、情報空間では第三者ではなく自らが構成した戦争の当事者となります。そういう自覚がないのは、モノの現実空間とコトの言説空間を区別していないからです。

私たちは現実空間のモノの情報を基に、言説空間の中でコトを構成しています。たとえば宇・露戦争では、現実空間では宇・露戦争は兵士の死傷者数、兵器の損耗率、占領地の面積などの数字に置き換えることのできるモノに関する情報が日々刻々と発信、蓄積されていきます。

この情報に基づいて、安全保障や軍事の専門家たちは宇・露戦争の戦闘の様相を構成していきます。

現実空間と言説空間の情報の相互作用

一方で、宇・露戦争に関心を持つ多くの人々は、メディアから伝えられる情報に基づいて言説空間に自分の宇・露戦争を構成していきます。構成する要因は単に戦争の現況だけではありません。両国の過去の歴史や両国関係などに関する個々人の学知、さらに個々人の情報の量や質はもちろん、何よりも重要なのは、こうした情報を取捨選択する際に判断基準となる個々人の価値観です。

価値観はその人が生まれてから現在に至るまでのあらゆる経験、知識によって形成されます。それは論理ではなく、説明できない感情、まさにその人の人格の原点となるものです。究極、個々人の価値観が個々人の宇・露戦争を構成します。そして宇・露戦争とはこういうものだという、個々人や、社会や国家などがそれぞれあるひとつの言説空間をつくるわけです。そしてこの言説空間の言説が、逆に今度は現実空間の中にこだまし、現実の戦闘に大きな影響を与え戦術や戦略を拘束します。さらに今度は新たに出現した現実空間の戦争が新たな情報として言説空間に反響し、新たな言説を構成します。

この現実空間と言説空間の情報の相互作用の中で戦争システムが変容していく。現実を認識し、言説を構築するのは我々個人です。つまり我々もまた宇・露戦争の当事者なのです。それがネオ・サイバネティックス・システム論から見た戦争の基本的な考え方です。

戦争の現実空間とは何か。これは、戦争をどう戦うか、戦争の直接の当事者から見れば、いわば戦争の部分システムである戦術システムです。兵器や兵士の物理的力による彼我の情報の相互作用が実際に行われている空間です。そこでは現実の物理的力が情報の源になっているわけです。

現実空間では、何をするかというと、相手の意図を力で屈服させることです。これはもう完全に物理的力の相互作用に基づくシステムのエントロピー増大です。たとえば宇・露戦争では、エントロピーの増大の究極は相手を完全に殲滅することです。それは、ロシア側からすれば、ウクライナを占領し、征服することであり、ウクライナ側からすれば奪われた領土を奪回することです。この目的を達成するまで、クラウゼヴィッツの言う「暴力の無制限な行使」が相互に行われ、停戦を求める「博愛主義者」の出番などないということになります。

しかし、実際には兵器、兵站《へいたん》などの兵力、士気や練度など兵士の質や数、地形や気候など戦場の環境といった「摩擦」、そして「戦場の霧」などの不確定要素がネゲントロピーとして働き、どちらか一方が完全に殲滅されることはあまりありません。多くの場合、戦争システムには均衡状態が訪れます。それが停戦や休戦、あるいは終戦ということになる。

戦争の言説空間——戦争をどう解釈するか

一方で、今、述べた戦争の現実空間とは別に、戦争の言説空間というものが存在します。そして今、我々がここで議論していることは、実はこの言説空間における戦争の解釈の仕方なのです。一言で言うと、言説空間とは戦争をどう解釈するか、戦争の直接の当事者から見れば、いわば戦争システムの部分システムである戦略システムの問題です。

実際に戦時下にあるウクライナに行ってみても、情報がないので戦争がどうなっているかは分かりませんでした。リビウでもキーウでも、空襲警報や夜間外出禁止令、そして建物や銅像などを防護するおびただしい数の土嚢《どのう》や道路に置かれた多数のバリケードなどを除けば、戦争を身近に体験することはありませんでした。ウクライナでも戦場になっている地域の人々を除けば、多くの人はニュースで戦闘の様子を知るだけです。ましてや戦争当事国以外の人々は、現実空間の戦闘の情報をＳＮＳやテレビなどのメディアで知り、その情報や自らの価値観、歴史観、経験などに基づいて宇・露戦争を解釈しているのです。現実空間における現実の戦闘はただひとつなのに、言説空間での戦争の解釈は、突き詰めれば、一人ひとり異なるのです。この言説空間の戦争の多義性が宇・露戦争の停戦を困難にしているのです。

多義性と言いましたが、実際には情報の相互作用は、相互という言葉から分かるように、一対の異なる価値観を持つ主体間で起こる作用です。モノであれコトであれ、すべての関係は、一対の主体間の情報の相互作用に還元できます。その文脈で宇・露戦争の言説空間において、ウクライナ対ロシアの二極化が起こっています。基本的に、どっちもどっちというどっちつかずの言説は存在しません。宇・露戦争を解釈する時に、最終的になぜそう判断したのかということをずっと突き詰めていくと、相互作用の原理にしたがって、最終的にウクライナ側に付くのかロシア側に付くのか、この二項対立になってくる。その結果、言説空間が二分化してしまったのです。もちろん、いずれに付くかは、新たな情報とともに変化します。変化しますが、基本的にいずれか一方に偏り、相互作用の原理から中立はあり得ません。

停戦を難しくしている要因

こうした言説空間の二分化が現実の戦争にも大きな影響を与えている。現実空間で新たな戦闘があって、それを誰かが解釈する、その解釈が、再びその戦争の現実に影響を与える。そして言説の影響を受けた戦争を、また別の誰かが解釈するという、つまり、戦争の唯一の現実と戦争の多義的な言説の相互作用が戦争システムを変容、複雑化し、現状では停戦をますます難しくする。

たとえば宇・露戦争では、ブチャの虐殺の情報が国際社会に広く拡散されるまで、実はウクライナとロシアとの間で、断続的ではありましたが停戦交渉が行われていました。この段階まで、ウクライナ側がなぜ停戦交渉に応じていたのかといえば、私の個人的解釈ですけれども、昔からの民族紛争、領土紛争の枠の中でこの戦争を解決しようとしていたからと思われます。そういう動きは、首都キーウ攻略の電撃作戦に失敗したロシア側にもあったのではないか。しかし、現実空間のブチャ虐殺が世界に伝わると、国際社会の言説空間に反人権国家ロシアの言説が一気に湧き上がりました。こうなると、宇・露戦争は単純なウクライナとロシアの民族、領土をめぐる地域紛争ではなくなってきました。

それから、プーチンが主張するウクライナの非ナチ化やウクライナとの歴史的一体性、あるいはネオ・ユーラシア主義の問題が現実空間の戦争の様相を変えてきました。この非ナチ化、歴史的一体性というプーチンの言説が、二〇二二年五月のフィンランドとスウェーデンのＮＡ

TO加盟申請を後押ししたのではないでしょうか。この結果、プーチンの意図に反してNATOはさらに拡大の方向に進み、宇・露戦争は欧米など民主主義国家集団と、露中など専制主義国家集団の対決という言説を生み出してしまいました。まさに新冷戦の到来です。

3　解決への展望——言説空間から現実空間へ

言説空間の拡大と現実における修正の狭間《はざま》で

この言説が、果たして国際安全保障システム全体の現実空間にどのように反映されるか。その時に、一番恐れなければならないのは実は東アジアです。宇・露戦争の言説がウクライナとロシアの二国間問題から国際社会全体の多国間問題へと拡大された今、旧冷戦体制下で未解決、凍結されてきた東アジアの諸問題も地域紛争から国際紛争へと拡大する言説がふりまかれています。現実空間では、日本はロシアと北方領土問題を抱え、韓国は竹島を占領し、中国は尖閣《せんかく》諸島のみならず、最近では沖縄の領有を主張するに至っています。また伊勢崎さんが警鐘を鳴らしていますが、朝鮮半島有事が我が国に与える影響は甚大です。

宇・露戦争は、もはや民族紛争でも遠く離れた地域での紛争でもない。最近、アゼルバイジャンとアルメニアの戦いが話題になりましたが、あれは我々が、今、話しているような言説の中に入らない。これは単なる地域紛争だと、みんながそういう戦争解釈をし、また戦争当事国もおそらくそういう自覚を持っている。だから、現実空間でアゼルバイジャンがアルメニアを圧倒し、あっという間に終わってしまった。

ところが、宇・露戦争は、国際秩序そのものを変えてしまいかねないような戦争にまで言説空間を広げてしまった。一方、実際の現実の空間は、そう簡単には拡大しない。ウクライナは兵器の供給をアメリカはじめ外国にコントロールされ、ロシア側はロシア側で大動員や兵器の増産が思うようにいかない。そして何よりも、NATOとロシアの相互核抑止が宇・露戦争のエスカレートを抑止しているという言説が信憑性《しんぴょうせい》をもって語られることで、現実空間の戦闘の上限が設定されています。そういうクラウゼヴィッツが言うところの「現実における修正」が行われ、一気に「暴力の無制限な行使」には至っていないのです。

しかし、このことが、逆に停戦を難しくしてしまっている。柳澤さんがエドワード・ルトワックを引用されていましたが、中途半端に介入して停戦すればかえって戦争を長引かせるから、現実空間の中で、お互いが決着はつかないと悟るまで、戦争を続けさせせろということになる。

これは戦争システムの多くがネゲントロピー増大で均衡状態で終わるのとは異なり、戦争当事国の双方あるいは片方の社会システムがエントロピー増大で崩壊することで戦争システムも崩壊する。卑近な言葉で言えば、共倒れかどちらか一方が自滅するまで待つ、ということです。確かに、これは戦争のリアリズムかもしれません。

ルトワックの主張の重要な点は、こうした主張が果たして言説空間の中で大勢を占めることができるかという問題です。リビアやシリアのような国際社会の関心がそう高くない内戦ならいざ知らず、ウクライナと国連安保理常任理事国のロシアとの戦争にはとても当てはまらない。柳澤さんも、ルトワックの主張には否定的です。だからと言ってクリミア問題の棚上げと東部二州の扱いを首脳協議に委ねるという、宇・露戦争を領土紛争として扱う状況は、今の言説空間にはありません。ましてや現状で停戦という言説は、第二次大戦前のナチスによるズデーテン割譲を認めたチェンバレンの宥和《ゆうわ》政策と同様という見方もあります。現状はすでに言説空間が妥協不能な欧米本位の平和主義と露中本位の平和主義に二分されてしまっています。

国連の機能を安全保障から人権保障へ

現実空間で、停戦への道筋をつけるかもしれないコトは、二〇二四年のプーチン、ゼレンスキーそしてバイデンの選挙です。誰が当選、落選しようが宇・露戦争の行方には、停戦あるいは継戦のいずれにせよ、少なからず影響をもたらすでしょう。実際、現在言説空間では大統領選の予測やその後の宇・露戦争への影響について取りざたされており、こうした言説がそれぞれの大統領選に影響をもたらすでしょう。

一方で、迂遠《うえん》なようですが、言説空間において欧米と露中のふたつのイデオロギー対立を止揚する理念の提唱と現実空間における理念の実践が、宇・露戦争の停戦だけではなく東アジアの平和と安定を促すことになるかもしれません。その理念とは人権です。

人権と一言で言っても、これまた多義的で論争的な用語です。「人」とはManなのかPeopleなのか。これをめぐって長年論争が繰り広げられてきました。結局Manの個的権利でもあり、Peopleの民族や国家などの集団的権利でもあると認められてきました。さらにManだけではなくWomanも含め、性別、人種を超えてすべての人々の権利が認められました。とはいえ現実空間における理念の実践には課題も多いことは否定できません。

しかし、言説空間において人権の概念を否定する国や社会はありません。かつてスタンリー・ホフマンが『国境を超える義務』で、社会や国家、文明ごとにそれぞれの人権概念があるという「ずぶずぶの相対主義（Vulgar Relativism）」に陥ることなく、また欧米の人権概念を押しつけることなく、人権概念の普遍化に努力すべきと主張していました。こうした人権の理念とその実践が人権概念の普遍化を進め、欧米と露中のふたつの対立する平和主義のイデオロギーを止揚すると考えます。

現在の国連に基づく正統性秩序の源泉は国際法です。かつて一九九一年にジョージ・H・W・ブッシュ（父）大統領が、湾岸戦争後の世界秩序は国際法に基づくと宣言しました。しかし、その後のアメリカが国際法を順守したかといえば、大いに疑問符が付きます。むしろ国際法を利用して、覇権を維持したと言ってもよいかもしれません。そして宇・露戦争では、ロシアは明らかに国際法に違反し、ウクライナを侵略しました。また常任理事国であるために自国に不利な決議には拒否権を発動し、国連が機能マヒを起こしています。

国際安全保障を主要な機能とする国連の在り方から、人権保障を主要な機能とする国連への改革によって、国家安全保障ではなく、真に「人間の安全保障」を実践する国際機関への変容が必要と思われます。そうすれば宇・露戦争も、戦後を見据えて、人権擁護の視点から解決の方策を模索することができるようになるのではないかと思います。

現在の国連は、その淵源《えんげん》をたどれば、カントが皮肉たっぷりに死者を弔う言葉を題名にした『永遠平和のために』で主張した「諸国家連合」です。先ほど述べたように、カントはシステム論者です。システムはシステムの目標となる統制的理念と、システムを構成する構成的原理から成るというのがカントのシステム論ですが、このシステム論は現在にも通用する概念です。現在の国連の統制的理念は諸国家間の平和、そして構成的原理は国際人道法です。一方、新たな国連の統制的理念は人権の擁護すなわち人間の安全保障とし、構成的原理は国際人権法として、ニューヨークとは別に、新たな場所に国連を設置する。その場所とは沖縄です。

伊勢崎さんがかねてから主張されているように、沖縄が人権擁護を国家理念とし、非武装、非核国家として独立するのです。琉球《りゅうきゅう》民族の独立は、日本を含め世界の植民地主義の残滓《ざんし》を一掃し、また二〇〇八年に国連が琉球民族を先住民族認定したことを受け、世界の先住民族の人権擁護の旗頭となります。また非武装、非核化で琉球国の平和はもちろん東アジアの平和と安定とりわけ日本の安全保障に大きな貢献を果たします。それは翻って、ふたつの平和主義を止揚して新たな国際秩序を構成し、宇・露戦争解決の言説が生まれる契機となります。そして沖縄の独立が言説空間を変容させ、宇・露戦争の現実空間に停戦をもたらすのではないかと期待しています。

Ⅳ　伊勢崎賢治氏の第一発言――即時停戦の必要性と実現可能性

僕が親露派だというレッテルが日本の言説空間では定着しているようです（笑）。何かしらロシアと利害関係があるのではないかとまで。まったく。じゃあ、お前は何派だ？と言われたら、なんと答えましょうか。「中立」？　相手は納得しないでしょう。そういう人たちにとっては、ロシア〝だけ〟を糾弾しないと、親露派なのですね。

僕は、昨年（二〇二二年）のウクライナ戦争開戦直後から、「停戦」を一貫して訴えているのですが、和田春樹さん（東大名誉教授）や羽場《はば》久美子さん（青山学院大学名誉教授）たちと一緒に、親露というより「反米」ということになっております。つまり、反米という普段からの教義があるから、それにウクライナ戦争を利用しているだけに過ぎない。だから僕たちはロシアだけが悪い、とは言わない。それは親露派と同じ、ということらしいです。

僕が反米？　これだけ米軍と仕事をしてきて、今でも事あるごとに呼ばれるのに……。でも、親米か？と問われると、それは、うーん、となる（笑）。

加藤さんの言われる言説空間と現実の相互作用とは、こういうアホらしくて表層的な様相で進行してゆくのですね。でも、これが「分断」を深化させ、時に戦争の政治決定にまで昇華していってしまう。

ちなみに、僕自身は、そういうレッテル貼りに、いちいち反論しないことを旨としています。「相互作用」には参加しない。二項対立によって世論を支配したい政治勢力への、ささやかな抵抗です。

1　実務家にとっての現実空間と言説空間

実務家は言説空間に情報を与えない

二〇二三年五月一一日、久々にBSフジ「プライムニュース」に出演しました。僕が関わっている「（ウクライナ戦争）今こそ停戦を！」の活動をテーマに、元防衛大校長の五百籏頭《いおきべ》眞《まこと》さんと二時間話し合った番組です。お互い同意できない点はあったものの、五百旗頭さんが、こうおっしゃる場面がありました。「停戦は必要だ。でも今は可能か？」と。

二〇二二年までは「停戦？　ロシアと交渉することか？　とんでもない！」というのが専門家、そして世論の反応でした。だが今年は違う。世論の着実な変化を感じます。

その変化に嬉々《きき》とするとか、そういう問題ではなく、戦争直後の言説空間とは、そういうものなのです。時間が経つにつれて、ある意味、〝醒《さ》めて〟ゆく。

僕は、停戦、その先に問題となる武装解除、そしてそれらの実現に必要となる非武装緩衝地帯の確定やその維持、そういう実務を生業にしてきました。言説空間と現実の相互作用を、常に意識する、いや意識しなければならない現場です。

というより実務家は逆に、紛争の当事者の間に入って交渉する際、できるだけ言説空間に何も情報を与えないようにすることが常です。それぞれの当事者たちは、「敵に弱みを見せるな」というそれぞれの言説空間を背にして交渉に臨むのですから、交渉の内容が伝わってしまうと、それらが喧《やかま》しくなる。双方の言説空間は、それぞれの正義で極度に煽《あお》られていますから、最悪、交渉者は後ろから刺される状況を招いたりする。だから徹底的に秘密にするわけです。

この頃僕は、ノルウェーという国の外交政策を例にとることが多いのですが、この国はＮＡ

TOの創立メンバーで、冷戦期は加盟国中唯一、ソ連と国境を接していました。その国境があるノルウェー北部は、北極圏にあります。国境のロシア側は、あのムルマンスクがすぐそこです。ロシア海軍の北方艦隊と原子力潜水艦の基地です。そして、その国境は、バレンツ海を望みます。地下資源や漁業資源が豊富で、もちろんロシアにとって軍事戦略上、大変重要な海域です。

ロシアとノルウェーは、この海域の領有権問題を四〇年以上も抱えていたのですが、二〇一〇年に、中間線の確定ということで解決したのです。アメリカの最重要同盟国が、ロシアと外交手段だけで、領有権問題を決着したのです。

現在、ウクライナ戦争のおかげで両国関係は緊張しておりますが、当時のノルウェー側の交渉官と話す機会がありました。ロシア側の交渉官とともに、交渉の内容を絶対に外に漏らさないという鉄則を貫いたそうです。特にメディアに気をつける、と。

領有権問題ですから、もちろんロシア社会は敏感ですが、ノルウェー側も例外ではありません。どんな社会でも、ナショナリズムを鼓舞する正義がそれであり、外交努力の障害となるのですね。

感情を一時棚上げしないと何も進まない

領有権問題とは違いますが、僕の停戦と武装解除の交渉でも同じです。どんな小さな武装組織でも、今まで命をかけて戦ってきた大義がある。停戦と武装解除は、その大義を成就半ばで、ある意味、諦めさせることです。僕らが交渉するのは、そのトップとです。

そういう交渉が可能になるのは、戦況がある程度硬直した時ですから、当然、その武装組織の指揮命令系統も、かなり疲弊している。そうすると、いわゆるスプリンター・グループの問題が出てくる。「上」に不満を鬱積させている内部勢力の分派活動ですね。彼らが叛乱を起こすと、交渉は決裂する。だから、そういう勢力が組織化する時間を与えないように、交渉を極秘に進める。発表後にも主だった反対運動ができないよう、敵対する双方に、それぞれの内部の体制を整えさせながら。

こういう現場では、もうひとつ問題があるのです。

戦闘中に起きた戦争犯罪に対する感情を、一時棚上げにしなければ何も進まない、ということです。ですので、僕ら実務家はいつでも、いわゆる人権派から糾弾を受けます。英語で言うとCulture of Impunity、不処罰の文化を蔓延《まんえん》させている、と。一時凍結するだけなのですが、そう見えてしまう。戦争犯罪者と対話し、言い分を聞こうとするわけですから。

戦争犯罪の起訴は時間がかかるのです。戦犯法廷開設の合意を含めて一〇年以上の時間を見込むのが妥当でしょう。停戦が伸びれば伸びるほど、さらに多くの戦争犯罪が発生し、証言を含めた証拠はどんどん風化していく。即時停戦は、戦争犯罪の起訴に必要な証拠をできるだけ多く保全するためでもある。

だから実務家はどうするかというと、何も反論せず、粛々と交渉の実務を進めるのです。ウクライナ戦争開戦直後から、即時停戦の主張を始めていた僕は厳しい批判に晒《さら》されましたが、言説空間をやり過ごす実務家としての職能に長《た》けておりますので、別にどうということはありません（笑）。所詮、日本語の言説空間など、取るに足りないものですし。

2　この戦争は日本とアジアの未来に重大な影響がある

でも、今回のウクライナ戦争における停戦に関して、なぜ僕はここまで日本社会に対して声高く発言してきたのか？

これは局地紛争ではない

この戦争は、単なる局地的な紛争ではないからです。

加藤さんが言われたように、日本に直結しているからです。日本も、対立する大国や軍事同盟の狭間に位置し真っ先にその戦場となったウクライナと同じ「緩衝国家」[*1]だからです。アメリカの仮想敵国では、ウクライナはロシアだけですが、日本はそれに加えて中国と北朝鮮がある、いわば三重苦・緩衝国家です。なんとしても日本の「ウクライナ化」、つまり大国の代理戦争[*2]の戦場になることは、避けなければならない。それがウクライナ戦争に対する僕の発言の動機なのです。

それを、日本の周辺に少し広げた東アジアで考えましょう。まず台湾有事でしょうか。ロシアがウクライナを侵略したように、中国も台湾を？　そういう非常時を想定し備えることに反対はしませんが、あまりやりすぎると抑止力の構築が暴走します。時に、仮想敵国の立場に立ってモノを見ることも大切です。中国が日米同盟を発動させるようなことをあえてやるか？　先週、自民党の石破茂さんとシンポジウムでご一緒したのですが、彼も同じ意見でした。

加えて、台湾国民は日本人が考えているほど反共で団結しているのか？　そもそもアメリカ国民がウクライナへの軍事支援に批判的になり始めている時に、もうひとつの代理戦争にアメリカ自身がコミットするのか？　これらを考えたら、蓋然性にかなりクエスチョン・マークがつきます。

朝鮮有事では日本は自動的に攻撃目標になる

朝鮮半島有事はどうでしょう。日本と韓国には、米軍が常駐しております。その韓国には、「朝鮮国連軍」という日本人には耳慣れないものが、冷戦初期からずっと、三八度線で北朝鮮と対峙しております。実は、在韓米軍とはこれのことなのです。

朝鮮国連軍は、「国連軍」といっても、国連憲章第七章に基づいて安保理が統括する現在のPKO（国連平和維持活動）のような「国連軍」ではなく、米軍司令官の指揮下で活動する、米韓が主体の多国籍軍です。根拠となる安保理決議は、一九五〇年に北朝鮮が韓国に侵攻した直後に、ソ連欠席の下で採択されたものだけで、この決議により、「国連軍」の名称と国連旗を用いることを認められました。それ以来、この「国連軍」に対する安保理決議はひとつもありません。

ある意味、国連でない国連軍なのですが、ブトロス・ガリが国連事務総長だった時に興味深い書簡が発行されています。[*3] これは、安保理が管轄する国連組織として創立したものではなく、国連のいかなる組織とも関係ないから、その解消はアメリカの一存で行われるべき、というものです。つまり「国連が解消できない国連軍」なのです。

まあ、冷戦の遺物なのですが、これが今でもしっかり実動しているのです。実際、トランプ大統領がツイッター（現・X）で米朝開戦を示唆し世界を震撼《しんかん》させていた時、二〇一七年九月、僕は米陸軍太平洋総司令部が主催する「太平洋陸軍参謀総長会議」に講演者として招かれ、その時に確認したのですが、朝鮮半島有事、つまり在韓米陸軍が動員されるそれは、朝鮮国連軍としての行動となる。そして当然、その開戦の決定において、アメリカは国連軍として行動すべく、他の参加国の協議と同意が必要となるのです。

実際、トランプのツイッターに連動して、オーストラリアなど、この多国籍軍の一員である国籍の軍用機が、嘉手納《かでな》などの在日米軍基地に飛来しました。日本政府に何の通告もなく、です。

そうなのです。日本は、朝鮮国連軍に参加する一一か国（アメリカ、オーストラリア、英国、カナダ、フランス、イタリア、トルコ、ニュージーランド、フィリピン、タイ、南アフリカ）と「朝鮮国連軍地位協定」を締結し、現在も有効なのです。日本人が、もはや空気のように普通のこととして気にもとめない「横田空域」は、このためにあると言っても過言ではないのです。

強調したいのは、日本は国連軍には入っていないことです。でも、この地位協定により、

「国連軍」の後方基地になる。つまり、開戦の意思決定に入っていないのに、開戦が決定されれば、自動的に、その一部、つまり、敵から見れば「紛争の当事者」。自衛隊が何もしなくても、国際法上の正当な攻撃目標になるのです。

開戦の「事前協議」があるかどうかも分かりません。なぜかというと、この「国連軍」との従属関係を意識しシミュレーションしたことは、日本政府は一度もないからです。

僕は、与野党を超えて、この問題を講演しているのですが、自民党を中心に現役議員は、まず「国連軍」のことを知りません。朝鮮国連軍地位協定の条文は、外務省のホームページで検索すれば出てくるけど、外務省や防衛省の官僚でも、実動感を持って理解している者は、皆無でしょう。

日本は構造上、息を吸っているだけで、有事の常態下にいることになる。つまり、日本の「ウクライナ化」は、日本がコントロールできない構造で起きる、ということです。

3　これはウクライナの「専守防衛」の戦争ではない

林さんは、ウクライナの戦いぶりを専守防衛のモデルのように言われました。僕は少し異論があります。

専守防衛というのは、日本の専売特許ですよね（笑）。九条護憲派も納得する。つまり、敵がいきなり攻めてきた時には、いくら九条でも自衛権の行使は否定しないだろう、という。九条を素直に読んだら、「戦うな」「戦う力も一切持つな」としか言っていないのですが、それが戦後ずっと日本人がやってきた、九条と自衛隊の存在の問題を回避するための「解釈」ですね。それによって、護憲派は自衛隊が存在しても九条を維持できたし、改憲派は九条下でも軍拡できたわけです。

つまり専守防衛には、「火星人の地球侵略」みたいなマインドセットが必要で、今回のウクライナ戦争では、即時停戦論を嘲笑《あざわら》う護憲派・改憲派の両方が、プーチンという、何をするかまったく分からない予測不可能な「狂人」によって、いきなり二〇二二年の二月二四日に始められた、という言説にこだわった。

二〇二二年の二月二四日に始められた戦争ではない

しかし、ロシア軍がウクライナ国境に集中し出したのは、開戦の一〇か月前の二〇二一年の四月です。その頃から、ウクライナと同じ「緩衝国家」のノルウェーの研究所から、打診を受けるようになりました。開戦したら、「緩衝国家」の運命はどうなるのか、と。

そして同年一二月に、ノルウェーに招聘《しょうへい》されました。その時には、ロシア軍の集中はすでに一〇万人に達していて、集まった研究者たちの緊張感はハンパではありませんでした。ロシアからの研究者も参加し、我々は明確に新しい冷戦、ニュー・コールド・ウォーが始まる、という共通認識を持ちました。柳澤さんに突っかかるようで申し訳ないのですけれど、プーチンはやる、ということを明確に予測したのです。

旧冷戦が終わった後どんどん加速していった、NATOの東方拡大の積年の恨みを晴らす晴れ舞台は、今しかない。だって、アフガン二〇年戦争でアメリカ・NATOが惨めな敗走をしたばかりですから、新しい通常戦争をやる余力も国民の支持もない。プーチンがこの好機を逃すわけがない、と。アメリカにできるのは、二〇一四年から続いていた軍事供与を加速するぐらいだろう、と。

はい。つまり、この戦争は、アメリカ・NATOが自らの血を流さない「代理戦争」になるだろう、と。

ウクライナにとってこの戦争は、〝いきなり〟なものでは全然ありません。

もうひとつ、面白い話があります。ウィキペディアの英語版にList of proxy wars（「代理戦争のリスト」）という項目があって、近代史において代理戦争と呼ばれるものが、一〇〇以上あるでしょうが、誰と誰が戦って、いつ始まり、いつ終わったのかが記載されています。

昨年（二〇二二年）の暮まで、その一番最近のものとして掲載されていたのは、二〇一四年から始まり現在進行中のRusso-Ukraine War（「ロシア・ウクライナ戦争」）でした。ところがこの記載が、今年になったら消えているのです。

ウィキペディアですから、代理戦争と認めたくない人が書き換えたのでしょう。ウクライナ戦争の定義をめぐる政治的恣意があるのですね。二〇一四年から始まったものでは困るという力が働いている。

前述のように、「日本にとっての専守防衛のための教訓とする」には、戦争が〝いきなり〟始まるというマインドセットが必要ですが、このウクライナ戦争は、ちょっと微妙。いや、開戦前から、専守防衛とは言えない別の戦争が継続していたのかも？　よいものをお見せします。

二〇二二年の二月二四日以前から僕の意見は変わっていない

二〇二一年の九月に、僕が監修したこの本が出版されました。『ＳＤＧｓで見る現代の戦争―知って調べて考える』（学研プラス）という、中学校、高校の学校図書館用の本です。第二次世界大戦の後の四八の主だった戦争を、なぜそれが起こったのか、その戦争がどういう被害をもたらしたのかをSDGsで分析するという本です。出版社が特別のチームをつくり、その戦争ごとに地域紛争の専門家にも連絡し、客観性に最大限気を遣いました。子供たちへ残すメッセージですから、本当に手をかけてつくりました。

ウクライナの戦争開戦の前に出版されましたから、その時の僕は、親露派などというレッテルとは無縁でした（笑）。

取り扱った四八の国際紛争の中のひとつとして、時系列的に最後に掲載されたのが「クリミア危機・ウクライナ東部紛争」です。ヘッドラインが面白いでしょう。「国内の分断に、他国が手を出して戦争へ」となっています。本文はまず、「いつ、どこで、なぜ？」という見出しがあって、次のようになっています。

ウクライナはソ連崩壊後に独立すると、親ロシア派住民と親ヨーロッパ派住民がたびたび対立。とくに東部の親ロシア派住民は政府から弾圧され、ロシアへの統合を希望していました。二〇一四年にはEU加盟をめぐって対立が激化。そこにロシアが加わり、武力でクリミアを併合します。ロシアとウクライナは、以前から天然ガスの輸入をめぐっても争

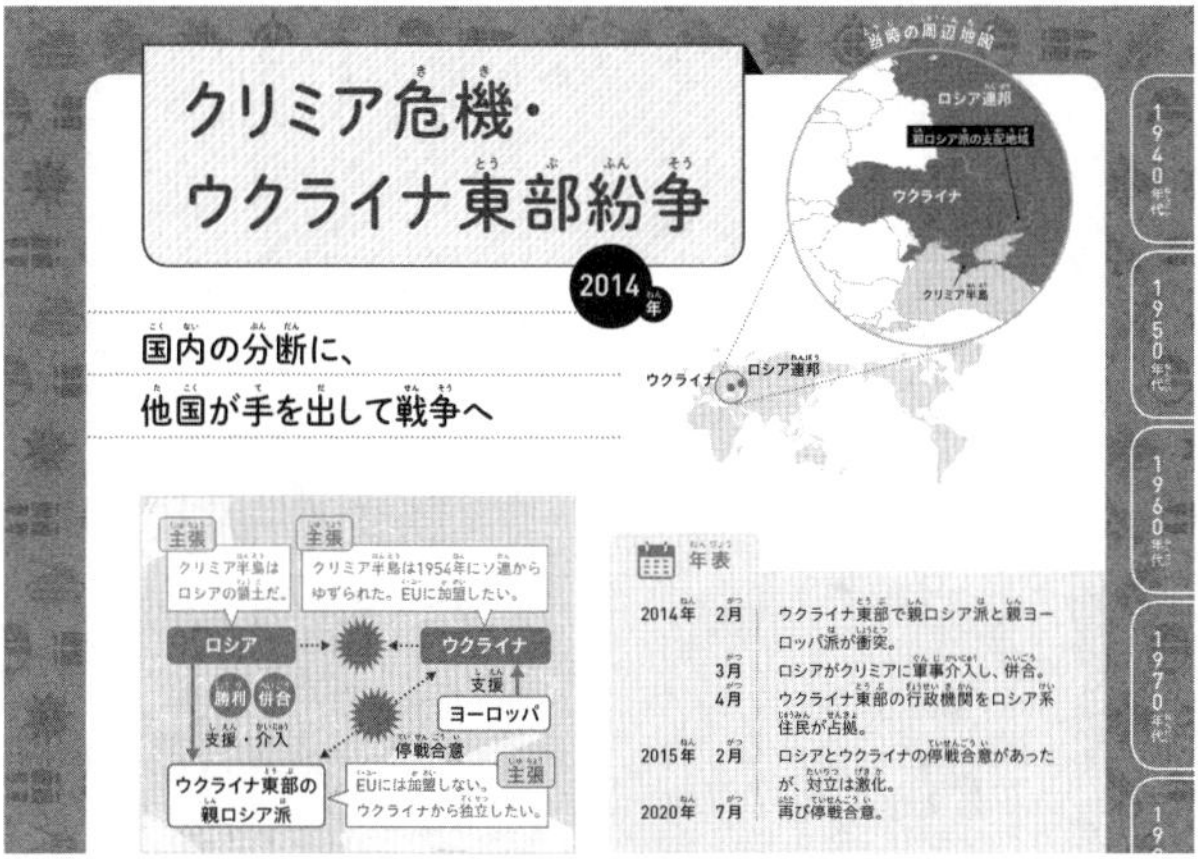

『SDGsで見る現代の戦争―知って調べて考える』（学研プラス）より

っていました。

次に「どう進み、どんな結果に…？」という見出しで、こう続きます。

クリミア併合直後、ロシアの支援を受けた親ロシア勢力が独立をかかげてウクライナ東部を占拠。ウクライナ軍と衝突が続きました。二〇一五年に停戦合意するも果たされず、二〇二〇年七月、ようやく完全停戦が決定。今後の話し合いに期待が集まっています。また、多くの国内避難民が残されるなど、解決すべき課題も残っています。

「東部の親ロシア派住民は政府から弾圧され」

という記述には気を遣いました。果たして、それはプーチンが言うようにジェノサイドと呼べるものだったか？

「ジェノサイド」というのは、国際司法による判定にそもそも時間がかかるものですし、それがそう判定される前には、たとえば「ドンバスでジェノサイドがあった」と「ブチャでジェノサイドがあった」というふたつの言説が対立するように、極めて政治的な恣意によって翻弄されるものです。そんな判定を僕らがするわけじゃありませんので、国連や人権ＮＧＯの報告書をあたり、広範囲のひどい弾圧は確かにあったということを確信して、こういう表現になりました。

そしてロシアが武力でクリミアを併合したことも明記しています。最終の入稿は、ロシア軍がウクライナ国境に集中し出した二〇二一年の四月の前でしたので、紛争解決に向けて両国の「今後の話し合いに期待が集まっています」と結んでいます。

つまり、二〇二二年二月二四日から開戦されたこの戦争は、それ以前の二〇一四年から始まったウクライナ東部紛争、つまり親ロシア派住民が標的となり、ロシアが介入した「ドンバス内戦」の延長ということになります。少なくとも、二〇二一年の四月に始まった戦争の原因は、それ以前のドンバス内戦にあり、その内戦が起きた理由に対処しない限り、この戦争に終わりはない、と考えるのが真っ当な学問的姿勢です。

加えて、ウクライナはその内戦ですでに戦闘状態でしたので、ウクライナを日本にとっての専守防衛のモデルと見なすのは、大変に無理があると思います。

以上のようにウクライナ戦争を定義すると、この戦争の「終わり」とは、一言で言うと、ずばり、親ロシア派住民と親ヨーロッパ派住民の「和解」もしくは「民族融和」で達成される、ということになります。

そこにロードマップの最終点を置くと、今なぜ即時停戦を訴えなければならないのかが、より明確になると思います。

4　後ろ指を指されるのには慣れている

二人の防衛大臣経験者と作成した提言書

二〇二二年四月、開戦から二か月後ですが、僕は、専門的な知見に加えてその人間性を深く敬愛している二人の現役の政治家と、ある提言書をつくりました。その二人とも防衛大臣経験者です。石破茂さんと中谷元《げん》さんです。三人で議員宿舎に籠もり、話した内容を同席した石破事務所の有能な秘書の方が聞き取り、書き起こしたものです。読み上げますね。

提言（案）

二月二四日に開始された、ロシアによるウクライナへの侵略は、二カ月を経ても停止されていない。

ウクライナ国民の自国を守るための懸命の努力が続く中、国際社会として、なによりもこれ以上無辜の民が命を落とすような事態を防ぐことを第一に考え、行動を起こすべきと考える。

我々は人道的観点を優先し、まずは戦闘行為を中断させる方策を採るべきであり、これを国連緊急総会に提案し、国際社会の多数の意思として可決させることを目指すべきである。

停戦は事実行為であり、戦争の結果とは無関係である。当事国双方の合意条件や、戦争犯罪の取扱いは、むしろ戦闘行為が中断されてから時間をかけて議論されるべきものである。

わが国は戦後、敵国条項が残る中にあっても新しい国際連合に希望を託し、国連とともに国際平和のために努力を重ねてきた。その国連が、いま常任理事国制度の壁にぶつかっているからと言って、国際平和に対して何の役割も果たせないはずはなく、またそのような国連にしてはならない。

人道的観点を優先する国連による行動は、今までにも数多《あまた》の前例がある。また国連は、停戦監視や人道支援の効果的な方法も熟知している。今こそ、我々が戦後七〇年余りをかけて蓄積してきた叡知《えいち》を、ウクライナの国民のために使うときである。

わが国は客観的立場にある多くの国家の一つとして、今まで信じてきた国連の力をいま一度取り戻すことを、世界中の国々に訴えるべきである。

国際連合緊急総会による停戦勧告と、国連の仲介による停戦合意の実現、そして国連による停戦監視団の派遣を、日本政府として正式に働きかけることを、ここに提言する。

文中の「国連緊急総会」は、第二次中東戦争の時に（U4P：Uniting for Peace）が発動され、安保理の機能不全を補いました。これは、いわゆるスエズ動乱。紛争の当事者は英国とフランスでしたから、安保理に代わって国連総会が、国連緊急軍の派遣を承認したのです。これが、後の安保理が承認する国連ＰＫＯの元祖になりました。

そして、「停戦は事実行為であり、戦争の結果とは無関係である」のくだりは、石破さんの洗練された言い回しです。

これを実務家的な言い方にすると、Cessation of Hostility（停戦）と Transitional Justice（移行期正義）。後者は、停戦後の社会が、戦争犯罪の訴追を含む正義の確立と「和解」を達成する試みを言います。

最後は、即時停戦の交渉における、日本への期待で締められております。繰り返しますが、開戦後二か月の時点で、元防衛大臣二人と一緒に、これをしたためたのです。

翼賛化した勢力が「即時停戦」派を攻撃する構図

この時の僕たち三人の思惑は、与党・野党の中にも同じような意見を持つ人が実は一定数いると。だから、この提言（案）文をもって一人ひとり個人的に働きかけて、輪を広げていこうということでした。特定の名前も挙がりましたが、結果、それ以上広がることはありませんでした。

僕が抱えている感覚をどう表現したらいいのか難しい。さっきも言ったように、もしこのウクライナ戦争が日本とあまり関係ない局地戦争だったら、「言説空間と現実の相互作用」に僕自身が油を注ぐような行為は慎んだと思います。水面下で、実務家たちは粛々と行動しているはずなので。しかし今回、ここまで発言しているのは、前述のように、この戦争が日本に直結するからです。普段からの強硬派が、水を得たように暴走し、ロシアと中国を軍事的に挑発し、「緩衝国家」日本とその周辺東アジアの「ウクライナ化」が現実のものになるという危機感があるからです。

加えて、僕が憂慮したのは、同じく普段からの平和主義・護憲派が、日本共産党を中心に、アメリカが軍事供与する紛争の当事者の一方を賛美し、応援し始めたことです。ウクライナの「平和」を〝いきなり〟破壊したロシアから、憲法九条が許す「専守防衛」をしているウクライナを支持する、というロジックですね。ロシアの絶対悪魔化への、みごとな翼賛化です。

そして、この翼賛化した勢力が「即時停戦」派を攻撃する。こういう構図が見られます。

僕が、いわゆる〝派〟か、というと、ちょっと違和感がある。なぜなら、永久に続く戦争は存在しないし、ほとんどの戦争は、停戦もしくは休戦を必ず迎える。それが平和条約締結まで行けばうれしいけど、朝鮮半島のように休戦が半永久化することもある。でも、大規模な戦闘と破壊は抑えられている。だから、広島・長崎への核兵器投下のような結末になる前に、一日でも早い停戦を。ただそれだけです。でも、これが実務家にとっての、停戦の正義なのです。そういう実務家は、常に、戦争の正義派、そして人権派から後ろ指を指されます。実務家にとっても、世界人権宣言の人権は、宗教に近いほど重要であり、最悪の人権侵害が戦争犯罪であって、戦争犯罪を犯した人間は、公訴時効を撤廃して裁かなければならない、という信念に動かされています。でも、それは、まず停戦してから、ということです。

二〇二二年三月に和田春樹さんらと停戦を求める声明を出しましたが、僕がうれしかったのは、韓国の学者、そして市民団体がこれに賛同してくれたことです。韓国人だからこの大切さが分かると。なぜなら、朝鮮戦争の場合も、停戦の意志が確認されてから実際に停戦できるのに二年かかったのです。その間に、何万人という双方の命が失われた。その痛みを、韓国人は誰よりも分かる。ということで五月に日韓共同声明を出すことになったわけです。

「停戦なんて非現実的だ。何をお気楽な」と言われることがあります。まったく、誰に対してものを言っているのか。

ウクライナに比べたら小さな国ですが、停戦・武装解除の成功例と言われている、僕が関わったシエラレオネのケースだって、合意が繰り返し破られ三回目にやっと実現したものです。その間、国連軍事監視団員を含め多数の殉職者を出している。

アフガニスタンで僕が関わった停戦交渉

ウクライナ戦争と同じように世界を二分した世界大戦であるアフガニスタンのケースは、停戦工作の失敗例と言えるかもしれません。アメリカ・NATOの敗北で終戦しましたから。

停戦、つまりタリバンとの政治的対話、政治的和解のための工作が秘密裏に始まったのは、二〇〇六年頃です。きっかけは二〇〇一年以来、戦争がすでに五年を経て、「こんなはずじゃなかった」とNATO加盟国内で不協和音が出始めたことです。アメリカ軍関係者からも「アメリカ建国史上最長の戦争になるのではないか」という声が聞かれ始めていました。第二次大戦後、初めて陸軍を国外に送ったドイツから僕に打診が来るようになったのです。在京のドイツ大使館から、有力な与党政治家の来日に合わせて面談の要請があったのは二回。そして、ドイツのボンで開かれた密室会議に招聘され、〝アメリカ抜き〟のNATO加盟国の与党議員の代表者たちと、ドイツ政府によると「初めて」ということでしたが、アフガン戦争の停戦について話し合いました。

そこには、アフガニスタンからも現役の議員数名が招かれていて、その一人の女性議員から詰め寄られて唾をかけられそうになりました。タリバンに蹂躙されてきた女性の代表として、感情的になるのはもっともなことです。タリバンとの和解なんて自分ではとても言い出せないドイツ政府は、僕にこういう汚れ役を担わせたかったのだと思います。ドイツから帰国後、二〇〇七年に衆議院「テロ防止・イラク支援特別委員会」に参考人として招致され、このドイツでの会議について報告しました。

その後、最初に向かったのはパキスタンです。「タリバンをつくった」と言われる同国の「政府の中の政府」ISI（Inter-Services Intelligence：三軍諜報庁《ちょうほうちょう》）です。この時の長官の陸軍中将が、シエラレオネの国連PKOで一緒に働いた戦友だったのです。彼の手筈《てはず》でタリバン幹部と接触するためにアフガニスタン、タリバンとのチャンネルを維持していたサウジアラビア、そしてイランを訪問し、対話に向かうネットワークをつくり始めました。そして、彼らとNATO首脳を引き合わせるということで、それらの関係者を東京に招待し、二日間の密室協議の末、ひとつの意見書をまとめました。この経緯は、『アフガン戦争を憲法9条と非武装自衛隊で終わらせる』（かもがわ出版、二〇一〇年）という本に書いています。

この会議では、いわゆるプランB。当時、現場の関係者の間で流行《はや》っていたDivide & Exit。アフガニスタンを二分割し、アメリカ・NATOにとっての敗北なき撤退とする。このオプションまで話し合いました。分割する一方をタリバンの統治下に、片方を欧米が支援するアフガン政府の統治下に、ということです。

その後、オバマがアメリカ大統領になり、やっと「（アメリカ・NATO側に）軍事的な勝利はない」ということ、そしてタリバンとの交渉を言い出した。しかし、それと矛盾するように、特殊部隊によるビンラディンの殺害に加え、タリバンのリーダーを次々とドローンによって殺害していった。タリバンとの和解を「敵に弱みを見せるアメリカ」というふうに見せないためなのでしょう。しかし、これは、「軍事的に負けそうな立場で和解を提案する側」（NATO軍首脳自身の言葉です）の行いとしては、不誠実きわまりない。そうこうしているうちに、いつしかこの戦争は、「ブッシュの戦争」から「オバマの戦争」と呼ばれるようになり、泥沼化してゆくのです。

そしてトランプ政権。

彼は、基本的に何でも目先の損得で考えるのでしょうね。アメリカがこの戦争を続けることは何の得にもならないと。ここから、アメリカの戦争目的は、もはやWin（勝利する）ではなく、Exit（撤退する）になってゆく。タリバンとの政治的対話とは、西側が支援するアフガン現政権とタリバンとの和解を西側が支援するということを意味しますが、トランプはなんとアフガン現政権抜きで、タリバンと直接交渉を始めるのです。

そして、トランプ政権が終わり、バイデンは何をやったか？　二〇二一年の四月に、9・11を記念してその年の九月一一日までにアメリカ軍が撤退することを、ＮＡＴＯ加盟国と十分に調整せずに宣言してしまった。アフガン民衆が、西側が支援するアフガン現政権を見限らないわけがありません。人心掌握に長けたタリバンに、すべてが好転してゆくわけです。

首都カブールが一日で陥落するなんて誰が予想できたでしょうか。

タリバンのコアファイターは五万人ぐらいと言われます。自動小銃とかＲＰＧなどの軽武装で戦ってきた連中です。対して、アメリカ・ＮＡＴＯが手塩にかけてつくってきたアフガン国軍三〇万。プラス、アメリカ・ＮＡＴＯ軍が、それに完敗してしまった。それが二〇二一年八月。その半年後です、ウクライナにロシアが侵攻するのは。

5　尊重されるべき国際法はひとつではない

最後に言いたいことがあります。ウクライナ戦争をめぐる言説空間は〝いきなり〟に支配されていますが、これはＮＡＴＯとともにアフガニスタン戦争に完敗したアメリカの代理戦争です。

こういう言い方をすると、今回のウクライナ戦争は、過去のすべての戦争と違うと言う人がいます。プーチンは、第二次大戦後、人類が連綿と積み上げてきた「国際秩序」をその土台から破壊した、今までにはない脅威だ。だから、過去の戦争で実現されてきた停戦というコンセプトを含めて、過去の戦争の考え方を一掃する、人類が初めて経験する大事件だ、と。だから、アメリカ・NATOも「どっちもどっち」論など論外であり、プーチンは全霊をかけて排除するべきだ、となるのでしょうが、そもそも「国際秩序」とは何でしょうか？

国連憲章から導き出されること

僕にとっての国際秩序というのは、まず開戦法規と交戦法規。どちらも国際慣習法です。そうでしょう？

そして国連憲章です。まず国連憲章から展開しましょう。

「力による現状変更を許さない」。よく聞かれる言説です。当たり前です。国連は主権国家の集まりですから、それは国連憲章が求める世界秩序の基本、そして正義です。

国連憲章には、もうひとつの正義、そしてそれを支えるメカニズムがあります。それが、国連憲章の第一一章（第七三条）、非自治地域指定という考え方です。

人民がまだ完全には自治を行うには至っていない地域の施政を行う責任を有し、又は引き受ける国際連合加盟国は、この地域の住民の利益が至上のものであるという原則を承認し、且つ、この地域の住民の福祉をこの憲章の確立する国際の平和及び安全の制度内で最高度まで増進する義務並びにそのために次のことを行う義務を神聖な信託として受託する。

国家主権は大切で、それを地理的に定義するのは領土・領海ですから、その安全の保障と自衛が大切なのは、議論の余地がありません。しかし一方で、その領有権をめぐって戦争が起きるわけです。それをなんとかするのも国連の使命です。そして、そういう係争地域には、往々にしてその国ではマイノリティーと目される人々が居住し、歴史的に自決権を求めている。そういう運動が中央政権によって抑圧されると、ひとつの社会運動になり、それが「独立」を求めて武力闘争になる場合がある。そこに近隣国や大国の政治的、経済的利益が絡み、介入を招いて、代理戦争の体を呈する。そして、人々への人権侵害が増大し、国際社会は「人道的危機」と目するようになる。そして、国連の「非自治地域指定」というメカニズムが発動され、人権侵害を止める努力が始まる。

冷戦時代からインドネシアからの分離独立運動をやり遂げ、一九九九年に国連監視の下、独立の是非を問う住民投票を経て、二〇〇二年に独立を果たした東ティモールは、そんなケースのひとつです。僕はその独立前、国連が一時的にその主権を預かり暫定政権ができた時に、県知事の一人に任命され赴任しました。

インドネシア軍と警察、それが操る民兵たちによって、現地人に対する大量殺戮が起きました。冷戦時代には、独立派は「テロリスト」「アカ（共産主義者）」と呼ばれており、日本を含む西側は、インドネシア政府を全面的に支援し、軍事供与を行ったのです。そして、西側メディアは大量殺戮の事実に沈黙を貫いたのです。冷戦が終わると、そういう西側の態度は手のひら返しのように、独立支援に変わるのです。

ウクライナ戦争においてロシア軍が犯した戦争犯罪や大量殺戮はもちろんですが、それ以前に「ドンバス内戦」中に起きた親ロシア派の人々に対する人権侵害が、それと対比して認知され、和解というコンテクストで、ウクライナの真の平和が語られるのは、時間の問題だと思います。

ここで認識されなければならないのは、力による現状変更を許さないことだけが国連憲章の正義ではないということです。帰属をめぐっておびただしい血が流れた係争地では、その犠牲を被る人々に未来を決めてもらう。相反するようですが、これも、もうひとつの正義なのです。

開戦法規、交戦法規から理解すべきこと

最後に、開戦法規、交戦法規についてです。前者は、国家のような主体が、戦力を行使する際の「言い訳」。国際慣習法ですから、時間によって変わることがありますが、第二次大戦後、国連ができてから、不動の地位を保っているのが国連憲章第五一条。ふたつの自衛権が規定されています。個別的自衛権と集団的自衛権です。国連加盟国が、独自の判断で行使できるのは、このふたつだけです。そしてもうひとつ、安保理が全加盟国に参戦を喚起する国連としての集団措置。近年では、国連PKOが一番発動の機会が多い。

今回のウクライナ戦争で、プーチンが開戦の言い訳にしたのが、ウクライナ東部で、ウクライナからの分離を求めている親ロシア派の人々が虐殺され、助けを求めている。つまり、集団的自衛権の要件を満たしていると。はい。民族自決権を言い訳にした開戦法規、集団的自衛権（国連憲章第五一条）の悪用です。

しかし、この悪用は、歴史的にロシア（ソ連）、アメリカ双方が繰り返してきたことで、今回のプーチンが初めてではありません。アメリカは、もうひとつの自衛権、個別的自衛権の要件

をウソの証拠ででっち上げて、その行使を正当化しました。二〇〇三年のイラクへの侵略です。

だからと言って、今回のプーチンの悪用が正当化されるわけではありません。しかし、国際慣習法を発展させる人類の営みに希望を持つなら、少なくとも、冷戦崩壊後のここ三〇年で起きた複数の大きな悪用例を冷静に見つめて、たとえば悪用を阻止する条約の成立に向けて、我々の思考を開始するべきです。

話を「国際秩序」に戻します。以上の理由で、今回プーチンがやったことは、「開戦法規」においても、その土台を根こそぎ壊すようなものではありません。同法規で説明可能な違反行為に過ぎません。

次は、交戦法規です。

開戦法規で「言い訳」を試みた結果、開始された武力の行使は、瞬時に「交戦」。つまり交戦法規が統治する世界に入ります。ジュネーブ諸条約を中心とする、いわゆる国際人道法です。交戦中にやってはいけないこと。使ってはいけない武器。それらを破る行為が、いわゆる「戦争犯罪」です。

日本人が理解しなければならないのは、侵略された側だからといって免責される戦争犯罪はない、ということです。つまり、交戦法規は、侵略者であろうが、被侵略者であろうが、国家の正規軍であろうが、国家に準ずる武装組織であろうが、等しく順守する義務があるということです。もちろん、日本流の「専守防衛」の最中にも、これが適応されます。

ブチャの虐殺を含め、ロシアが犯した戦争犯罪は、すべて、この交戦法規で裁定され、その違反性が認定されるのです。よって、ウクライナ戦争は、「国際秩序」である開戦法規と交戦法規で説明され、法治されうるものです。ウクライナ戦争のような国家間戦争でも、国家に準ずる組織と敵対したアフガニスタン戦争でも、アフリカの内戦でも、まったく同じ「国際秩序」の基準で判断され、そして、時間はかかるでしょうが対処される。その土台は、ウクライナ戦争後でも不動です。

つまり、ウクライナ戦争は、プーチンだけを絶対悪にしなければ説明不可能な戦争ではないのです。

唯一、特別な戦争と言えるのは、誰もが直接的な影響を受ける地球レベルの問題を引き起こしていることです。ロシアが最大の沿岸国として、大きな影響力を持つ北極圏問題。地球温暖化問題に直結します。北極圏の氷の保存と乱開発の防止を調整する唯一の調整機関である「北極評議会」が、ウクライナ戦争で機能不全に陥っております。科学者の交流もストップしております。

そして、ロシアとウクライナは世界最大の穀物輸出国です。発展途上国の経済を直撃しております。今アフリカ大陸では、連鎖反応のように軍事クーデターの嵐です。それを何と民衆が支持しているのです。ウクライナ戦争を契機に急激に可視化されている経済不安のハケ口になっている構造です。広範囲の飢餓が現実のものになり始めております。

だから、即時停戦なのです。すべきか？ではなく、どう実現するか？だけに、これからの思考を結集させるべきなのです。

註

＊1　伊勢﨑が出席した二〇二一年一二月のノルウェーでの国際会議で共有された「緩衝国家」の定義【敵対する大きな国家や軍事同盟の狭間に位置し、武力衝突を防ぐクッションになっている国である。その敵対するいずれの大国も、このクッションを失うと自分たちの本土に危険が及ぶと考えるため、軍事侵攻され実際の被害を被る可能性が、普通の国より格段に高く、しばしば代理戦争の戦場となる】。

＊2　同じく「代理戦争」の定義【大国が関与する分断国家の政権もしくは反政府勢力に、その大国を敵と見なす別の大国が武力を供与し、自らは血を流さず敵国を弱体化する試み】。

＊3　一九九四年に当時のブトロス・ガリ国連事務総長が北朝鮮外務相に宛てた親書【朝鮮国連軍は、安保理の権限が及ぶ国連の下部組織として発動されたものではなく、それがアメリカ合衆国の責任の下に置かれることを条件に、単にその創設を奨励しただけのものである。よって、朝鮮国連軍の解消は、安保理を含む国連のいかなる組織の責任でなく、すべてはアメリカ合衆国の一存で行われるべきである】。

〈資料〉僕の停戦案

伊勢崎賢治

両軍の兵力を引き離す「緩衝地帯」をつくり、中立・非武装の国際監視団が停戦を監視します。

❶現在の戦闘地域に「緩衝地帯」を設け軍事行動を禁止する。
❷緩衝地帯に国連が主導する中立・非武装の国際監視団が入り、停戦状態を維持する。
❸緩衝地帯にはウクライナ東部のドネツク州バフムト、あるいはすでに国際原子力機関が常駐するザポリージャ原発を提案。緩衝地帯は複数つくり、停戦状態を広げていく。

「一刻も早い停戦を」

こう主張すると「ロシアの侵略を認めるのか」という声が飛んできて議論になりません。しかし「停戦」は「講和」ではありません。とにかく「戦闘をやめること」で、領土の帰属などはその後の長い政治的交渉を通じて決めていくものです。

「侵略者のロシアと交渉すること自体が国際正義や秩序を崩壊させる」という意見もありますが、戦争が長引けばさらに多くの犠牲が生まれます。「国際正義や秩序」のために、ウクライナの人たちの命を危険にさらし続けることが正しいとは私には思えません。

たしかに今、ウクライナ軍は反転攻勢を強めていますが、ロシア軍をウクライナ領土から撤退させ、「侵攻前の状態を取り戻す」のは簡単なことではありません。そのためにはロシア軍の補給路を断つ必要があり、ウクライナ軍もロシア領土にまで深く攻め入る必要があります。そうなればロシアは「自衛」を主張してウクライナへの空爆を激化させ、場合によっては核使用にまで踏み切るかもしれない。そうなる前に、妥協点を探って停戦にこぎ着ける必要があるのです。

「両国の顔が立つ」落としどころを探ることが最も重要。

実際にどのように停戦を実現していくのか。

参考になるのが、二〇一四年にウクライナ東部ドンバス地域をめぐる紛争の和平合意として結ばれた「ミンスク議定書」のプロセスです。

このときは戦闘地域の中に、国際監視下で両軍の兵力を引き離す「緩衝地帯」がつくられました。まずはその中での軍事活動を禁止する。そうした緩衝地帯を複数つくり、点をつないで帯にするようにして停戦状態を広げていくのです。

たとえば激戦区のドネツク州バフムトを緩衝地帯に設定するという案が考えられます。ロシアが無条件で撤退に合意するとは思えませんから、交渉カードとしてG7からウクライナへの武器供与の停止を秘密裏に提案します。これならば「激戦区からロシア軍を撤退させた」とウクライナ側の顔が立つし、「G7の武器供与を停止させた」とロシア側の顔も立ちます。「両国の顔が立つ」落としどころを探るのが、停戦交渉の最も重要な鍵なのです。

緩衝地帯には中立・非武装の国際監視団が入り、双方が停戦を破らないように監視を続けます。一国ではなく多国籍からなる監視団が武器を持たずにそこにいることで、「攻撃すれば国際社会への攻撃と見なす」というメッセージを双方に発信するわけです。

こうした監視を受けながら、なんとか停戦を続けている例がインドとパキスタンです。一九四七年に紛争が勃発し、四九年に国連の仲介で停戦。国境地帯に国連の停戦監視団が送り込まれ、帰属問題を決着するための住民投票の実施が決定されました。それから七〇年以上、住民投票は実施されず現在も小規模な衝突は何度も起こっていますが、全面戦争には至っていません。「人命を守る」という点から考えればはるかにマシな状態といえるのではないでしょうか。

世界では「停戦」へ向けた潮流がすでに生まれている。

監視団はできる限り「中立」な立場であることが重要です。ミンスク議定書はすぐに破られ戦闘が再開してしまいました。その大きな要因は、監視団が欧州安全保障協力機構（ＯＳＣＥ）主体でロシア・ウクライナと関係が深い国々も多く、中立性が低かったことだと私は考えています。その反省を踏まえ、紛争当事国・関係国以外が主体となる監視団をつくることが必要です。

そのためには、やはり国連主導で停戦プロセスを進めることが望ましいでしょう。よく「国連安全保障理事会は大国が拒否権を発動して実効的な決議ができず、機能不全に陥っている」と言われますが、過去には安保理ではなく「国連総会」で決議をしてＰＫＯ（国連平和維持活動）が派遣された例もあります。外交面で「世界平和に貢献している」という実績をつくりたがっている中国がそうしたプロセスを主導する可能性も十分にあるのではないでしょうか。

世界を見ても「停戦」に向けた潮流はすでに生まれています。今年六月にはインドネシアのプラボウォ国防相が停戦案を示し、「わが国も国際監視団に人員を出す用意がある」と明言しました。南アフリカを中心とするアフリカ七ヵ国も停戦仲介の用意があると表明しています。日本もこうした動きを後押しし、停戦後には国際監視団に非武装の自衛隊員を派遣すべきです。

永久に続く戦争はありません。どんな戦争もいずれは決着がつくか、停戦・休戦へと至ります。だからこそ、一日も早く停戦を実現しなくてはなりません。ウクライナ市民の命を一人でも多く救うためには、それしか道はないのです。（「通販生活」二〇二三年冬号掲載）

第二章　討論　戦争を理解できなければ停戦もイメージできない

1　冷戦時代の戦争要因と現代の戦争要因

新しい秩序観を共有できるか

柳澤　みなさんのお話を伺っていて思うのは、ひとつは、今、とにかく当事者たちが戦争を止める気がないので、停戦してほしいけれど、停戦するのは当然難しい。この状況をどう理解したらいいのかというところで、私は迷路に入っていた。けれど、伊勢﨑さんのお話を聞いていると、難しいけれど、あるいは難しいからこそ、とにかく誰かが動いて話をしなければいけないというのは、そこはまったくそうだと思います。だから、即時に停戦ができるという幻想を持てるわけではないけれど、そして、私にはまったく力がないけれど、やはり停戦に向けて、誰であっても、当事者間の対話を求め続けることが最低限必要なのですね。

それで、第一章でも触れましたが、サウジアラビアでのフォーラムやアフリカ連合の動きは重要だと思います。あるいは中国も、新たな国際秩序を担うのであれば、もっと具体的に動いてもいいと思うんです。けれども、今のところ、そういう動きが見えない。そうは言っても、誰であれ、停戦仲介の試行錯誤をするように求めていかなければいけない。難しいけれども、だからこそ止まってはいけない。そういうものだということは分かりました。

それから、もうひとつは、加藤さんは言説空間と表現されていましたが、結局、この戦争について国際秩序を変化させるものだという定義の仕方をした途端に、これは終わらない戦争になってしまうことです。この戦争というのは、いつから始まったどの戦争と定義するかは別として、まさに秩序をめぐる戦争になっていること自体は間違いないので、これを解決するためには、今までの地政学的な対立——東西の対立とか、あるいは大陸国家と海洋国家の対立とか、さらには専制主義と自由主義の対立とか——そのような観点ではなくて、既存のオーダーが壊れつつある、変わりつつある——それをカオスと呼ぶのかもしれないけれども——まさにそういう時期に来ている。そこで、どうやって新しい秩序観というものを共有していけるかということが課題になっている。だから、停戦が仮にできたとして、戦争を終わらせるプロセスの中では、かなり長い間、つまりお互いが受け入れられる秩序観ができるまでの間は、対立は残るだろうし、そして世界中で同じような対立が続くんだろうという、まさにそういう秩序の変わり目にある。そういう時代を我々は生きているということだと思うんですね。

だから、その時に、二〇二二年一二月に政府が閣議決定した「国家安全保障戦略」にあるように、ウクライナ戦争を専制主義に対する戦いであると定義してしまってはいけない。そんなことをしたら、この先、戦争の世紀が待っているという結末にしかならないと思うんです。

冷戦時代の相互抑止は効かない

柳澤　ただ、ひとつ、お二人が言われていたことで、これが東アジアや日本にそのまま影響してくるということについて言えば、地政学的・イデオロギー的対立という意味では同じかもしれませんが、東アジアは韓国と北朝鮮、中国と台湾と同一民族の分断の問題であり、他国の国境線を越える争いではないという意味で、違うところがある。朝鮮半島についてみると、構図はもっと分かりやすい。北朝鮮は何のために核開発をしているかというと、アメリカを抑止しようという意図があるからですね。体制の生存を守ろうとしている。北朝鮮の言い分は、「自分の生存を守ることに何の文句があるのか」というわけです。だから、北朝鮮のほうから進んでアメリカに戦争を仕掛けるような動機がない。同時に、北朝鮮には、開発途上のミサイルと核以外にまともな軍事能力がないと思うので、体制崩壊の淵《ふち》にまで追い込まなければ、今のところそんなに私は心配していない。

また、同じ民族の間で、支配・被支配の歴史的恨みがあるわけでもないので、対話の可能性がある。つまり、大国の地政学が介入しなければ、当事者同士で解決する余地が大きい。

ただ、もうひとつ言えるのは、逆に日本が進んで巻き込まれるようなロジックに取り込まれてはいけないということです。さっき、現実空間と言説空間の話が出ていましたが、言説にとらわれないようにしなければならないという問題だと思います。台湾有事でも多分同じことが言えるでしょう。

私もずっと考えていたんですが、冷戦の時代は、核相互抑止で大国同士が戦わないという状況が担保されていた一方、大国の勢力圏の縁辺部では「代理戦争」が起こっていた時代だったと思います。体制間対立、イデオロギー対立の厳しさゆえに、核の撃ち合いに至る大国間の戦争が抑制されているという認識があった。しかし現在の戦争要因というのは、大国同士の落としどころのない仁義なき縄張り争いのように思えます。まさにそれは「代理戦争」では済まなくなるかもしれない大国間の直接の対立であって、二度の世界大戦以前のように、今日グローバル・サウスと呼ばれる地域における植民地という獲物の分配で決着するような状況がないのです。それゆえに、大国同士の対立が、理性を超えた「ガチの」対立になる可能性がある。そして、どこであろうと大国同士が戦えば壊滅的な結果になる。そういう時代になっていると感じるのです。その時に、では日本はどうするかというと、やっぱり巻き込まれないことが一番大事なのではないでしょうか。

ただ、巻き込まれずに逃げ回っているだけでは、おそらく埒《らち》が明かない。だから、そういう時代の変わり目にあるという認識に立って、どういう秩序、どういう平和を求めていくのかという日本人自身の覚悟が試されている。そこに、ウクライナ戦争の終戦や台湾有事の回避という課題と共通した、我々の課題がある。

そういう時に、私は、細かい定義の違いで議論が分かれていくことは好みません。林さんのお話につなげて言えば、日本が採るべき政策を「専守防衛」と呼ぶかどうかはあまり問題ではなく、日本が大国に脅かされる立場にあるという認識を持っているとすれば、重要なのはウクライナのような粘り強い抵抗をするにはどうすればいいかという視点で、汲《く》み取るべき教訓を考えていくことが必要だと思います。そういうところも含めて、日本の国家像、そして秩序観がまとめて問われているのだと思います。

冷戦時代のノルウェーの経験

伊勢崎　ちょっと違和感があるのは、「巻き込まれる」という表現です。東アジアのことに関しては、もう我々は、官僚も政治家も、もはや空気のように意識しないぐらい、この巻き込まれ構造が普通になっているだけですから、やっぱり引っかかるんですね。

柳澤　それはなぜそうなっていったかというと、戦後長い間、私自身も防衛官僚として生きてきた四〇年間の半分もそうですが、冷戦構造にあったからです。そこでは世界はふたつに分かれていて、社会主義陣営か西側陣営かという選択しかなくて、その中で日本はアメリカ、西側陣営にくっついていくという選択をした。そこではアメリカの戦争に巻き込まれるという批判もあったが、アメリカとソ連の間の直接の戦争は相互核抑止によって抑制されてきたという現実があったがゆえに、日本は結果として巻き込まれなかったんです。つまり、日本自身には、戦争の動機なり原因があるわけではなかった上に、米軍基地を置いていることによって、ソ連との相互核抑止の枠組みに組み込まれ、日本の「平和」が保たれてきた。日本は自主的に判断してそういう選択をしたというよりも、それしか選択肢がなかった。その結果、戦争に巻き込まれることにならなかったと思うのです。

その成功体験があるから、アメリカについて行けば巻き込まれないと思っている政治家も多いけれど、今日それは通用しない。先ほど言ったように、大国間対立が戦争の要因になってきたからです。巻き込まれないためにどうするかという判断を日本自身がしないと、現在の国際政治の中では結果として巻き込まれてしまう。

伊勢﨑　なるほど。柳澤さんにお聞きしたいことがあります。柳澤さんが現役の時って、僕はアフリカで井戸を掘っていた人間ですけど……。

柳澤　それは大事な仕事ですよ。

伊勢﨑　当時の僕は、日本の国防のことなどまったく考えることがなかったので、現役時代の柳澤さんを責めるつもりはまったくないのです。

最近、ノルウェーの研究者と非常に密接に話すようになったのですが、この国は、日本と同じように、アメリカにとって最重要な同盟国です。特にロシアの原子力潜水艦の情報は、九割方ノルウェーに頼らなきゃいけないのです。すでに述べたように、ロシア海軍の基地があるムルマンスクは、すぐ横にありますから。

ノルウェーは、そうやってNATOの一員として重要な役割を果たしているのですが、同時に、冷戦時代からソ連・ロシアを軍事的に刺激しない外交を国是にしてきました。ロシアによるクリミア侵攻の二〇一四年以降、それはゆらいできていて、友人のノルウェー学者たちは慌てているわけですが。その国是とは、アメリカ・ＮＡＴＯ軍は国内に常駐させない。自国の軍もロシアとの国境線に大規模には集中させない。そういうやり方です。日本だって、同じアメリカの同盟国ですから、そういう選択肢もあったわけですよね。そういうことは気にされなかった?

柳澤　それは全然認識がなかったですね。ノルウェーがＮＡＴＯ加盟国で、スウェーデンが中立国という違いも、ほとんど認識してなかった。スウェーデンは、自分の国で進んだ兵器をつくっているので、日本も買えるものがあったら買ってこよう程度の認識しかしていない。

　ノルウェーがＮＡＴＯに加盟した経緯は知らないけれど、ノルウェーの場合、敗戦国ではなかったということもあるんでしょう。それと比較すると、日本はやはりアメリカに占領されて以来のずーっと継続した状態があったということもあるんでしょうね。日本の場合、やはりアメリカの日本占領政策が占めるウェートが非常に大きい。マッカーサーに天皇陛下が共産主義が怖いから米軍に駐留していただきたいと頼みに行かれたわけですしね。何かそういうメンタリティーの中で占領がずっと継続している。そのことを何も不思議に思わない。なぜなら、結果としてそれでよかったという成功体験だから。そういう流れの中で、ほかのことを考える頭の回路がなくなってきていたというのが、私の経験した戦後日本の官僚の思考方法だったんじゃないかなと思います。

「封じ込め」と「拡大」がぶつかり合った時代

伊勢﨑　そうですか。そういう思考方法の結果、朝鮮国連軍や、それとの地位協定のことにも無批判に……。

柳澤　それは怒られても、批判されても、「だってみんながそれしか考えなかったんだから仕方がない」という話になる。だから、日本の官僚は、アメリカとの関係でしか世界を見ていないし、アジアのことを知らないと言われれば、その通りだと思います。

加藤　まったくその通りで、アメリカの占領政策にしたがわざるを得なかった。そのアメリカの占領政策の根幹が封じ込め戦略であり、相互核抑止です。封じ込め戦略の源流はマッキンダー流の地政学です。マッキンダーの地政学というのは線の地政学です。線をつなぐ、切る、そして線で囲むという発想です。英米流の海洋国家の地政学です。

ところが、ソ連、ドイツ流の地政学は、ハウスホーファーの面の地政学です。これがドイツ観念論に淵源を持つ有機体論的な国家観で、自分たちの勢力範囲をまるで植物がどんどんどん増殖していくように広げていくという、そういうイメージなんですね。「封じ込め」と「拡大」、このふたつのイメージがぶつかり合ったのが冷戦時代でした。何が言いたいかというと、戦争の原因は直接の現実空間にあるというような、そんな単純なことではないということです。どういうふうに戦争を解釈するか、戦争の解釈で現実の戦争がどんどん変わっていくんですね。

2 現実空間と言説空間をめぐって

戦争の解釈があって戦争が開始される

柳澤 そこには秩序観というのか、イデオロギーというのか、そういうものが関係している。

加藤 イメージがどんどん変容し、膨らんでいくのです。おそらくジョージ・ケナンにも、最初のうちは封じ込めなんていう考えはなかったかもしれない。ただ、ソ連は拡張主義の国だと言っているうちに、封じ込めという言説が生まれ、この封じ込めを正当化、現実化するために、ハーバードやMIT(マサチューセッツ工科大学)などの学者たちが必死になって相互核抑止戦略を紡いでいったわけです。

多くの人は、戦争をするのは、政治家や軍人、兵器産業だと思っていますけれども、現実空間はそうかもしれないが、言説空間における言説が最初で、それは思想、哲学です。戦争とは何か、なぜ戦争が必要か、こうした戦争の解釈がなければ戦争はできません。たとえば冷戦時代、アメリカ、イギリスは二項対立的な世界観を持った。一方、ソ連はそうではなくて、国家全体をひとつの理性を持ったあたかも人間のようなアナロジーとして捉えた。だから共産主義を統制的理念として拡張主義的な国家戦略を採った。その世界観すなわち哲学や思想が冷戦の原因のひとつとなったのです。

林　有機体だということですね。

加藤　国家有機体の思考は日本だって同じです。山県有朋《やまがたありとも》が言った主権線と利益線もそうです。主権線の延長線上に利益線を設定し、朝鮮半島を日本の影響下に置き、昭和に入って最終的には満州侵略に行き着く。マッキンダーの英米流地政学を知っていたにもかかわらず、陸軍はハウスホーファーのドイツ流地政学にとりつかれてしまった。

林　今のお話のように、世界では非常に地政学的な発想で戦争を語っているわけです。その中で、ハウスホーファーのつまみ食いをして大東亜共栄圏までたどり着いた日本は、大陸における戦争というものを、どういう形で理解していたのだろうか。あるいははっきり言って、そもそも知っていたのかと思います。

今もなお、日本人が語る戦争というのは、どの戦争を見て言っているのか、よく分からない。私たちが語る戦争というのは、大陸型の戦争なんです。国境を接しているがゆえに、国境が動いていく戦争なんです。ところが日本は島嶼国ですから、そういう戦争が想像できないんです。

ですから、私がみなさんにお伺いしたいのは、今、日本人もウクライナの戦争を茶の間で食事しながらテレビで見ていますが、その日本人の戦争観のベースはどこにあるんだということです。本当に戦争を分かっているのだろうか。そこが非常に気になっているところなんです。

言説空間と現実とのギャップ

伊勢﨑　先ほど紹介した会議で知り合った後も意見交換している北欧の学者は、僕も前述したように、ウクライナ戦争は「国際秩序」的に今までの法理で説明できない特異なものではなく、単に「アメリカが、ウクライナを戦場に、仇敵《きゅうてき》ロシアを、昔ながらの通常戦争で、弱体化させる試み」と表現していました。

つまり、戦争の様相は、兵器の発展とともに、激変してきた。それが核兵器にまで到達し、今はＡＩ・宇宙戦争みたいな話になっている。ところが今回のウクライナ戦争では、歩兵が展開し、戦車や大砲を主体とする肉弾戦。ロシアに最先端の兵器を使わせず、ウクライナ軍と対称戦争（シンメトリック・ウォー）を戦わせ、総体的に国力を弱体化する試みが進行している。そこだけがユニークだと。

加藤さんの「現実空間と言説空間」の話ですけれど、プーチンがウクライナの「非ナチ化」を言い出したのは、僕が覚えている限り、確か開戦前の二〇二一年の九月か一〇月ぐらいでした。強烈な言説です。そして、これがプーチンの戦争の上位目標として、日本を含む西側社会の言説空間を支配しました。

その年の一二月にノルウェーに集まった時、僕らはその言説空間と現実のギャップに注目しました。何がギャップかというと、非ナチ化を達成することは、すなわち体制転換、レジーム・チェンジをすることです。それには広範囲な軍事占領を敷かなければできません。それもアフガニスタンにおけるアメリカ・ＮＡＴＯのように、かなりの長期間にわたってです。果たしてロシア一国でそれをできるのかという話です。

軍事占領の主体は陸軍です。同席したロシア人専門家によると、実動する正規のロシア陸軍は三〇万人ぐらいなのです。もちろん、ロシアはあの広大な国土に軍事上の緊張をいろいろ抱えていますから、ひとつの目的のために全員を動員することはできない。

そうすると、ウクライナ開戦にあたって投入されるのは、その正規軍の一部とリザーブ（予備役）。加えて、ワグネルなどの傭兵《ようへい》、そして部分的な徴兵と言っていました。一〇〇万、二〇〇万人が動員された、かつてのレッド・アーミー（赤軍）のようにはならないのか？　僕が、そう聞くと、「プロフェッサー・ケンジ、忘れないでくれ。ロシアって民主主義国家なんだ」と（笑）。頑張って動員しても、多分六〇万、七〇万程度だろうと。ロシアの専門家はそう試算していました。

それだけ動員できたとしても、果たしてウクライナを一定期間、軍事占領できるのか。ウクライナは人口四三〇〇万です。アメリカ・ＮＡＴＯが束になって臨んだ人口四〇〇〇万のアフガニスタンでは、多国籍軍として動員できたのは、ピーク時で最大二〇万人程度。加えて、せっせとアフガン国軍をつくり、最終的には三〇万に。さらに加えて、ほとんど歩兵と変わらない警察部隊が二五万程度。それが、コアファイター五万人のタリバンに負けちゃったのです。プーチンは、その顚末《てんまつ》をしっかり認識しているはずです。冷戦期には、ソ連自身の痛い経験がありますし。

プーチンは何を狙っていたのか

伊勢﨑　この議論のベースになったのが、前述の、僕が二〇一七年に出席した、アメリカ陸軍太平洋総司令部が主催した「太平洋陸軍参謀総長会議」での試算です。あの時、斬首作戦で金《キム》正恩《ジョンウン》体制を崩壊させたとして、果たしてアメリカとその同盟国が――その会議にはアメリカと親米計三二か国の陸軍のトップだけが集まったのですが――人口二五〇〇万の北朝鮮に占領体制を敷くにはどのくらいの兵力が、どのくらいの期間必要かというシミュレーションを昼飯をとりながら小グループで行いました。平和裡《り》に占領を遂行するには八〇万人ぐらい必要だろうと。そして、それは我々同盟国のキャパを超えていると。当時は、イラクもアフガニスタンも同時進行していましたから。

ウクライナを、ロシア一国で？　これが、言説空間に対する現実です。

それでは、プーチンの真意とは何か？　本当の戦争の上位目標は何か？

ロシア人専門家は、それは多分、ウクライナの「内陸化」であろうと予想していました。侵攻前にロシアが実効支配していたのは、東部ドンバスのふたつの州とクリミア。それらを含めて、黒海沿岸部を太く回廊化し、それを西にモルドバ、ルーマニアにまで拡大する。そうすれば、ウクライナを黒海から遮断し内陸国化できる。全国土を占領しなくても、黒海の権益のすべてはロシアのものになります。この討論の時点で、その八割方は達成されています。

ロシア人専門家は、さらにもう一言。プーチンは、首都キエフに進軍するだろうが、結果的に、それは陽動作戦になるのではないか、と。なぜかというと、侵攻前の「ドンバス内戦」でウクライナ軍の大半は東部に張りついているので、首都がやられるとなると、そっちに駆けつけざるを得なくなる。結果、東部が手薄になり、「内陸化」に有利に働くだろうと。首都への進軍では、当然多数のロシア兵が命を落とすことになるだろうが、あの冷血なプーチンは、何とも思わないだろうと。

柳澤　私もあの時に――多分私だけではなくバイデンも含めてだけど――ウクライナ国境に集結させたロシア軍は一五万から一九万ぐらいでしたから、その程度でウクライナの占領などできっこないと考えていました。だから、侵攻は脅しであって、フランスとドイツがシャトル外交をして、その中から何か出てくるのかと思っていた。だけど、プーチンの発想はまったく違っていたということですよね。

伊勢﨑　だから、前述のように、ノルウェーに集まった僕らは、プーチンはやる、と確信していたのです。アメリカ・NATOがアフガン戦で敗北したこの好機を逃さないだろうと。ひとつだけ予想と違ったのは、開戦のタイミングでした。雪が解けて、それが再び固まるあたりかなと。

林　それを二月に始めちゃった。

伊勢﨑　はい。雪が解けて固まって、アメリカの中間選挙の前のいつか、という予想だったのです。

柳澤　だから、どっちにしたって、プーチンの側に出口戦略の見誤りというのはあるわけです。他方、アメリカやNATOに至っては、今、出口戦略そのものがないのだと思います。ゼレンスキーは、口では全土奪還と言っているけれど、それはレトリックであって、チャンスとインセンティブがあれば、どこかで矛を収めるように変わるのではないかと私は思います。ただ、そのチャンスとインセンティブをどう出せるか。そこがまさに見えない。出口戦略が誰にもないことがそこにあらわれています。

そうすると、どっちにしたって、それは政治指導者の問題になるのです。さっきの林さんの話に通じてくるのですが。

3　戦争を軍人と政治家に任せられるか

クレマンソーの名言に倣って言えば

柳澤　少し視点を変えますけれど、私が最近、ものすごく気になるというか、腹立たしかったのは、自民党の麻生《あそう》（太郎）副総裁が台湾に行って、本当に中国を抑止しようと思ったら、台湾も日本もアメリカも戦うことを覚悟すべきだとおっしゃったことです（二〇二三年八月）。日本の覚悟といっても、「日本」という人がいるわけじゃない。日本というひとつの気持ちがあるわけでもない。戦争の覚悟なしに抑止が成り立たないのはその通りなんですが、だから、それは、誰が何を覚悟することなのか、そこを認識しなければいけない。

アメリカの戦略国際問題研究所（ＣＳＩＳ）が二〇二三年一月に発表した台湾有事のシミュレーションでも、日米合わせて数十の艦艇と数百の航空機と数千の兵員の命が犠牲になるという結果です。それを覚悟しろと麻生さんは言っているんですかということです。そこをちゃんと認識しないといけない。認識しているなら、そこをはっきり言わなきゃいけないだろうと思うのです。そんなことをはっきり言ったら叩《たた》かれるから言わないんだろうけれど、しかしメディアは、やっぱり「あの人にしてそういうことをまた言っちゃった」という程度の受け止め方で終わっている。本当に問われているのはそこなのです。結局、戦争というのはこうやって見てみると、さっきの加藤さんの言い方をお借りすれば、政治家が自分の言説によって現実の戦争を引き寄せる状況というのは結構あるのです。そして、大体出口戦略を持たないか、あるいは戦後の秩序観のようなものを深く考えずに、戦争に突っ込んでいくわけです。

これは今回の対談の締めに使いたかったんですけれど、ウクライナ戦争を見るにつけても、第一次世界大戦の時のフランス首相だったジョルジュ・クレマンソーが述べた言葉を思い出します。「戦争というのは軍人に任せておくにはあまりにも重大なビジネスである」というものです。それに倣えば、今や、「戦争というものは政治家に任せておくにはあまりにも重大なビジネスだ」と言えるのではないでしょうか。軍人だけではなくて、政治家を誰がどうコントロールしていけるのか、選んでいけるのか。私は一人の国民として、そこをどう訴えていくのかを、この間、真剣に考えるようになりました。多分そう訴えたって簡単には通じないと思いますが、それをやらずして、ただ単に年取って死ぬわけにもいかんなと。

自衛隊の法的な地位をめぐって

伊勢﨑　今の「戦争を軍人に任せておくには……」というお話ですが、最近、日本の「軍人」に、うれしい発見がありました。

僕は、防衛省の統合幕僚学校で、もう一七年間教えています。歴代の僕の講座の担当者にはひとつのポリシーがあって、僕の講座の名前はずっとＤＤＲ（武装解除、動員解除、社会復帰）なんです。だけど、実際に教えていることは、かなり内容が膨らんでいて、アフガニスタンやイラクにおけるアメリカの対テロ戦略や占領政策の試行錯誤……悪く言えば失敗や瑕疵《かし》。占領期に必ず問題になってくる地位協定の問題。それから派生して朝鮮国連軍とその地位協定。そして日米地位協定の問題。さらに、アメリカ軍と自衛隊が同じ軍隊として協働する時に当然問題になる、憲法九条に起因する自衛隊の法的な地位の問題。そういうテーマも扱っているのです。

そうしたら今年になって、統合幕僚学校有志から、自衛隊の法的な問題だけに絞った講義を依頼されました。二佐以上のこのグループの中には法務専門の自衛官もいました。任務の中で司法試験に合格した自衛隊員です。

自衛隊の法的な地位の問題というのは、簡単に言えば、日本では交戦法規であるジュネーブ諸条約に加入後、同条約にのっとった国内法の整備が、日本ではまったくなされていないということです。同条約が規定するのは、交戦中における違反行為、つまり戦争犯罪です。まず、戦争犯罪という概念が刑法にも自衛隊法にもない。護憲派と改憲派が続けてきた神学論争の中で、いつしか「日本は専守防衛だけで戦争をしないから、戦争犯罪を犯すことについては考えなくていい」がコンセンサスになってきたのですね。そして、軍備だけはずるずる拡大し「無法軍事国家」になってしまった。

戦争犯罪を一般犯罪と区別するのは、「上官責任」です。日本の法体系は、まさに「ヤクザの親分と鉄砲玉」で、この頃、親分にも解釈でかなり量刑を科すようになってきましたが、上官責任を問う条文がいまだないのです。

それに加えて、悲劇的なのは「国外犯規定」です。敵基地攻撃の論争が喧しいですが、日本の刑法は、日本人が海外で犯す業務上過失については管轄外なのです。

その講義の質問時間に、一人の自衛官が聞くのです。自衛隊が、現在、北アフリカのジブチに、日本ジブチ地位協定に基づき、ジブチ政府に自衛隊の公務内・公務外両方の裁判権を放棄させて駐留していることを指摘しつつ、「あれって、おかしくないですか？　ジブチをだましていることになりませんか？」と。彼の言葉ですよ。

涙が出るぐらいうれしくなりました。やっとこういう素直な疑問をぶつけてくれる現役自衛官が現れてくれたと。一七年間で初めてなのです。戦争の現実をちゃんと分かって、シミュレーションできる人がやっと出てきたな、と。

日本の政治家は、与野党の区別なく、そして保守・リベラルの区別なく、戦争に向けて翼賛化することが、今回のウクライナ戦争で証明されましたから、「軍人」の理性に縋《すが》るしか、もうないのかと。

林　ちょっと買いかぶりかな。

伊勢﨑　駄目ですか（笑）。

林　柳澤さんが理事長で私が理事・事務局長をしている国際地政学研究所でも、幹部学校幹部高級課程入校中の自衛官が年間で前後期四人研修に来ています。一回三時間程度の地政学講義と議論を八回行っています。その中で伊勢﨑さんがご指摘されたような話をしますと、「私たちは命令のまま動くだけです」と言いますね。この発言がほぼ九九パーセントです。

柳澤　そこは、彼らの職業人としての立場からすると、そう言うしかない。

南スーダンにおける自衛隊の法的矛盾のあらわれ

林　本音で語り合うこともあります。国際的に「軍人」としての立場をしっかりと認知されて任務を果たしたいという気持ちを――明確に発言するわけではありませんが――ひしひしと感じます。そういう気持ちを持っている人はかなりいます。彼らは、自衛官として本音が言える環境にいるわけではありません。だから、退官した私たちが――誰彼が言ったということではなく――彼らが安んじて任務を遂行できる制度や環境改善の後押しをしなければならないと考えています。

柳澤　実際に話をできるのは少人数ですが、今の現役の人たちと話していると、予算が増えるのはありがたいけれど、それに対して何か前のめりな感じを持っているように思います。特に何が変わってきたかというと、昔は内局の官僚というのは、自衛官のやりたいこと、ほしいものをチェックする立場で仕事に臨んでいました。けれども今はどっちかというと、内局の側から、もっとやりたいことはないのか、もっとほしいものはないのかと言われるようになった。本当にそれでいいんですかという感覚を持っている人もいます。

その辺のところを根本から考えないといけない状況が、今、進んでいる。官僚の後輩のみなさんも、初めて経験する状況なんでしょうね。岸田政権のおかげでというのか。

林　その前からです。

柳澤　そうですね。安倍政権のおかげでもあります。

伊勢﨑　ただし、国連ＰＫＯに関しては、南スーダン以後、自衛隊の部隊派遣がひとつもない状態がずっと続いているじゃないですか。現在の法体系では自衛隊を派遣できないと、制服組を中心に政府内で頑張っている勢力があると思うのです。

林　稲田朋美《ともみ》防衛大臣時（二〇一六年八月三日〜二〇一七年七月二八日）、内戦下の南スーダンに派遣された陸上自衛隊PKO部隊は、国連各国派遣部隊宿営地近傍で死傷者が発生する銃撃戦（二〇一六年七月）が発生したり、日本大使や大使館員が陸上自衛隊宿営地に避難したり、中国から派遣されたPKO隊員が殺傷されるなど、非常に深刻な状況に置かれていました。各国PKO部隊を統括する国連の指揮官が、各国の部隊指揮官を集めて、宿営地の「共同防護」を指令しました。しかし、各国部隊ごとに持ち場を決めて国連の指揮下に入る中で、日本だけが「国内法」的に「共同戦闘できない」と共同防護任務から離脱せざるを得ないわけです。

伊勢﨑　言ったんですか。

林　そう言わざるを得ません。それまで日本をリスペクトしていた他国軍人の自衛隊を見る目が変わってしまいます。「お前たち、本当に軍人なのか」ということになるわけです。

従前から伊勢﨑さんの話も伺って、自衛官の身分とか、立場とかを問題意識を持って見ていました。そして、二〇一六年一一月一五日に閣議決定があり、スーダン派遣部隊に「共同防護」と「駆け付け警護」の新任務を付与して、一二月に新たな部隊が派遣されたわけです。国連指揮官はやっと日本が戦力になったと喜んだに違いありません。しかし、武器使用ができても、伊勢﨑さんがおっしゃるような法整備はできていない。そして新任務を付与された部隊は、二〇一六年一二月一二日に派遣されたのですが、翌年の三月に、安倍総理から五月をめどに活動を終了すると公表されました。たった五か月の駐留でした。国連指揮官も他国のＰＫＯ部隊も日本に対する不信感を募らせたことでしょう。

そのような武力衝突や戦争の現場を現実にしかも身近に見ている自衛官は、「戦争」をよく分かっていると思うんです。けれども、国民は世界で起こっている戦争がどういう姿なのか、先の大戦後の時代精神が学習させることをタブー視してきましたから、イメージもできていません。そういう感じを最近強く持っています。

4　日本人は戦争のことを知っているのだろうか

戦争の現場を知らないことを自覚して

林　加藤さんは学生相手にお話されていますが、学生の理解はどうなんですか。紛争とか、戦争とかいう問題では。

加藤　大学にいた時に、戦争とはこういうものだと教えていました。でも、私にとっての戦争というのは、それこそ第二次世界大戦です。それもほとんどすべては本や映画、テレビの知識だけです。第二次世界大戦、太平洋戦争のイメージはあったんです。ところが、私が大学の教壇に立つようになったのは、一九九六年で、終戦後半世紀も過ぎていた頃です。

伊勢﨑　ベトナム戦争は終わっていますよね。

加藤　そうです。ベトナムも、それからソ連のアフガニスタン戦争も、湾岸戦争も終わっている。そして、戦争というのはこういうものだと言っている自分が、実は戦争を知らないことにはたと気がついて、見てきたようなウソをつく講釈師になってはいけないだろうと思った。

伊勢﨑　で、行っちゃうわけですね（笑）。

林　危ないところに。

加藤　さすがに紛争論を教えることに自信がなくなってきて、それで二〇〇六年ぐらいからか、各地の紛争地を歩くようになりました。でもそれは、地域紛争、民族紛争の現場だった。国家間戦争を経験したのは、一九八五年二月のイラン・イラク戦争下のテヘラン訪問に次いで宇・露戦争が二度目でした。

では今、学生たちに戦争とはこういうものだと教えられるかというと、逆に教えられないんです。国家間戦争の中でも日常があって、どんな紛争地域もそうですけれども、日常があって、平和が戦争と共存している。たとえば、こんなふうに神保町《じんぼうちょう》で座談会をやっている時に、新宿あたりで銃撃戦があったとしても、みんな関係なくここでいろんな話をするでしょう。多分戦時下といえどもドタバタなんかしませんよ。日常生活は続きます。そういう感覚はやっぱり伝えられないです。だから、戦争とは、と言って、第三者的に言説空間での戦争を語るしかない。

私の父親は陸軍の工兵部隊の伍長《ごちょう》としてインドネシアに出征しました。父親が戦友会の会報に書いていたんですけれど、それは軍隊に入ったおかげで海外に行けた、よかったという話でした。なぜかといったら、父親の部隊は戦うことがなかったからです。父親が派遣された時、すでにアメリカ軍はインドネシアを飛び越えて別のところに転戦していたのです。だから、日々、食料不足とマラリアと戦っていたそうです。

逆に母親は、高等女学校の生徒の時に、島根県安来《やすぎ》の日立に学徒勤労動員で駆り出されていた。そして終戦間際に空襲を受けて、米軍機の機銃掃射の中を走って逃げたという、そういう戦争体験を持っているんです。

直接に聞いたのはそのふたつだけです。だから、大所高所から見て戦争とはこういうものだという話をすることは、とても私にはできません。

非戦の重要性を分かってもらうために

林　分かります。

加藤　戦争とは何かについて、結局はみな自分の価値観にしたがってただ解釈しているに過ぎないと思います。自分がそう解釈した基準は何かということが言説化されて、実は戦争の原因につながっていくのではないか。そういう文脈でしか私には戦争の話はできません。

林　一九八九年の冷戦終焉《しゅうえん》から二〇二二年までに、戦争・紛争は驚くほどたくさん発生しています。スウェーデンのウプサラ大学のデータでは、暦年で二五人以上死んだら戦争・紛争だとしています。その概念に基づいて、ウィキペディアに整理されている戦争・紛争を、私なりにまとめてみました。そうしたら、いわゆる国家間戦争は、冷戦終焉後、一九八九年から数えて、湾岸戦争、エチオピア・エリトリア戦争、ハニーシュ群島紛争やイラク戦争、イスラエルの戦争、それから、ナゴルノ・カラバフ戦争、そしてプーチンの戦争と三三年間に七件です。しかし、二一世紀の戦争・紛争は、二二年間で七〜八か月に一回発生して三四件、戦闘累計期間は二一八年間になります。ちなみに一九〇〇〜一九九九年の一〇〇年間では約一年ごとに戦争・紛争が起きていて合計一〇〇回超の戦争・紛争がありました。戦いの累計期間は約七五〇年間です。世界中でこれだけの戦争・紛争が起きていながら「日本と戦争・紛争の距離」は対岸の火事以上に遠いものです。一方で、今日では防衛政策上、日本自身が戦争との距離を縮めていますが。

ですから、戦争が何であるかということは、第二次世界大戦を記憶する世代から後の世代はますます分からなくなってきます。私も一九四二年生まれですから、日本郵船の船乗りで軍属だったおやじが東シナ海で米海軍の潜水艦に沈められたということぐらいしか知りません。ですから、ウクライナ戦争をやめさせるといっても、その「非戦・避戦・停戦」の重要性を分かってもらうには、日本人に戦争とはこんなものだと不完全ではあっても自覚させることが不可欠なのです。そういうことをしっかりと教えていかないと、恐ろしいことに、戦争に関してまっさらな状態で戦争と出遭うことになってしまうのです。

柳澤　第一章で加藤さんが言われていましたが、戦時下のキーウに行ったら、食い物は乏しかったけれど、誰もそんなにじたばたしてない状態があった。片や、日本にいてメディアを見ると、最近は前線の情報が増えていますけれど、一時期は、破壊されたショッピングモールだとかアパートだとかばかり出ていたわけですね。

そこのトータルの認識がないと、戦争というものは理解できない。日本の場合は、北朝鮮がミサイルを発射しました、北海道の南西部に落ちるかもしれませんというので、札幌全域に避難のJアラートが鳴るわけです。それは現実には間に合わないし、日常生活を阻害します。何かそれって違うよなと。ミサイルが落ちてくるところだけが戦争なわけではないし、戦争だからといって日本中にミサイルが落ちるわけでもないし、そういうものをトータルして、まさに本当に戦争とはこういうものだということを、誰も教えてくれないわけです。

以前、有事法制の頃考えたことですが、北海道で戦争していても、銀座で戦車が赤信号を無視しなければならないような状況にはならない。日常生活は続けなければならない。一方で、銀座でショッピングしている場合か、という声も出てくるだろう。そして、前線では確実に人が死んでいる。そういう状況をどう捉えたらいいのか。

林　そういうことが分かってくれれば、先ほど伊勢﨑さんが紹介されていましたけれど、石破さんたちとつくった提言書などを拡散すれば、理解が格段に広がるのだと思います。

伊勢﨑　僕が東京外国語大学の大学院で教えていたのは、紛争当事国から来ている留学生でした。戦争について何か教える必要はなかったわけです。

一方、日本人の学部生に教える時は、戦争とはこんなものだ、というようなことを情報として伝えないよう心がけていました。何を心がけたかというと、一緒に考えることです。

今、戦争の類型の話が出ましたけど、実際に発生しているのは、ほとんどが内戦です。内戦といっても、ほとんどが「インターナショナル内戦」。一国で完結するものはなく、必ず周辺国や超大国が、その紛争の当事者の一方に関与している。特に冷戦下で起きていた内戦は、ほとんどが超大国にとっての代理戦争です。

同時に、内戦の当事国の社会というのは、平時と戦時の境目がぼんやりしているのですね。平時の日常生活が変わり始めて、それがどんどん加速してゆく。そして、ある日、自分のいる生活圏が戦場に変身する。何月何日の何時に敵国が宣戦布告した、みたいなものではない。すべてが、ズルズル、という感じ。民衆の生活の中では、戦時に向かうグラデーションがあるだけで、明確な区切りがないのです。僕が家族と一緒に、それを経験するはめになったのがシエラレオネです。

そうなってくると、僕の家で働いていた若い使用人が自警団に入って武装したり、敵味方のどちら側に付くかで市民が戦闘に動員されてゆく。そんなことを僕自身が体験していても、それを話すだけでは、戦争の現実を教室で伝えるのに、やはり限度があるのですね。

子供兵士の問題をめぐって

伊勢﨑　だけど、ひとつだけ、日本の学生が等身大で考えられる糸口があります。そういう戦時に向かう混乱した社会で、市民動員の結果、必ず起こる子供の動員。子供兵士の問題です。

林　ウガンダ、タンザニアも、でしたね。

伊勢﨑　そうです。でも、そもそも子供って、その定義は何か。まず、この問題があります。たとえば日本人の一四歳とアフガニスタン人の一四歳は、明らかに精神年齢が違う。でも、一応子供と大人の境目は国際的には一八歳となっているのです。

その子供が、部隊という団体行動で人を殺す。戦時か平時か曖昧なところで少年犯罪をどう扱うかは、日本の若者でも等身大で想像することは可能です。少年による重大犯罪が立て続けに起きれば、社会の通念も変わるし、それに影響されて司法判断も変わる。量刑も、刑事責任を問う年齢も変わってくる。その延長で戦時がある、というマインドセットを教室でつくるのです。

そうやって、子供兵士の問題を切り口に戦争を考える授業をずっとやっていたのですね。そしたら、三年ほど前だったでしょうか、学生がグループ作業の中で、僕も知らなかった記事を見つけてきたのです。外大の子たちは、難なく英語で文献調査できますから。

それは二〇一七年のAP通信の記事だったのです。それは、ウクライナにおける少年兵の問題を扱ったものでした。アゾフ義勇大隊。ウクライナの準国家組織ですね。これが、一二、三歳の子供たちに「キャンプ」と称して、共同生活をさせ、戦闘訓練を施していることを問題視していたものです。その記事には、こうあります。

キエフ、ウクライナ（AP通信）

戦争で荒廃したウクライナでは、数百人の子供たちが水泳やバレーボールの代わりに、カラシニコフ銃を組み立て、戦争の技術を習得することにこの夏を費やした。

ウクライナ東部での致命的な紛争が三年目に突入し、親たちは、子供たちに、親ロシア派反政府勢力と戦う準備が施されるのを望んでいる。

二〇一四年以来、ウクライナ東部では、ロシアが支援する分離主義者と政府軍との戦闘で一万人近くが死亡し、停戦が正式に合意されたのにもかかわらず、毎日のように民間人や兵士が死亡し負傷している。

アゾフ義勇大隊の隊員は東部戦線で戦い、極右思想で悪名高い。子供向けに二週間の民兵プログラムを設けており、八月初旬の時点で八五〇人以上の子供たちが全国七か所のアゾフキャンプで訓練を受けている。

正式にはウクライナ国家警備隊の一員であるアゾフは、もともと寡頭政治家イホル・コロモイスキーによって資金提供されていた事実上の私兵である。現在の資金源は不明で、大隊は個人の寄付に頼っていると述べている。

そのメンバーには、戦闘地帯での人権侵害に関する数々の告発がなされている。ヒューマン・ライツ・ウォッチとアムネスティ・インターナショナルは昨年の共同報告書で、アゾフを含む義勇兵大隊による拷問と「その他のひどい虐待」の事実を立証する、信頼できる申し立てを受けている、と述べた。（AP PHOTOS: Children in war-torn Ukraine learn the art of war, August 4, 2017　https://apimagesblog.com/blog/2017/8/4/children-in-war-torn-ukraine-learn-the-art-of-war　グーグルの自動翻訳を基に伊勢﨑が抜粋、校正）

同様の国際メディアの報告は、これ以外にもあります。ウクライナの名誉のために付け加えますが、ロシア支配下のクリミアでも、同様の子供の戦闘訓練が報告されていました。

ジュネーブ諸条約や子供の権利条約は言うに及ばず、戦時の子供の戦闘への訓練と徴用は厳

ＡＰ通信の同記事に掲載された、キエフ郊外における子供のための民兵キャンプの写真。子供たちは木製の模擬ライフル、左の訓練兵は本物のカラシニコフ銃を手にしている。2017年７月８日。写真提供＝ＡＰ／アフロ

禁され、加えて、主にアフリカにおける紛争の国際法廷の判例の集積により、そういう子供の徴用は戦争犯罪だという認識が確立しています。アフリカの国々が、もし「戦時」にこれをやったら、即座に国際社会は反応し、何らかの制裁措置を課すでしょう。

ところが問題は、「平時」に行われるそれらは、果たして制限されるべきなのか？　日本でも愛国教育をスパルタで施す幼稚園が問題になったことがありましたが、平時における子供の戦闘訓練を違法化する明確な条約と解釈はいまだないのです。

しかし、これらの記事が問題視した二〇一七年当時のウクライナは、果たして平時

か、戦時か？

はい。記事にあるように「ドンバス内戦」の真っ最中、つまり「戦時」だったのです。アゾフに訓練されたあの子供たちは、その後どうなったのでしょう。

林　インターネットで「子供兵士」を検索すると、ウガンダ・タンザニアの戦争に引っ張り出された子供兵士の写真が多数出てきます。

伊勢﨑　アフリカのそういう悲しい経験のおかげで、子供の徴用を戦争犯罪化する「国際秩序」が発展したのです。その適用に、肌の色におけるダブル・スタンダードがあってよいはずがありませんが、ウクライナでは「市民動員の末の子供の兵士化」を問題視する言説空間が、かつてはあったものの、今は消滅してしまいました。

5　非戦のために戦争に備える!?

日本は朝鮮戦争の戦時を引きずっている

林　その問題は、先ほど戦時か平時かが議論された時から、ちょっとお聞きしたかったんです。

でも、その論法からいくと、日本も戦時じゃないかと思うことがあります……。

伊勢﨑　今？

林　ええ、今です。というのは、航空自衛隊の対領空侵犯措置は、朝鮮戦争の最中、もっとも休戦協定（一九五三年七月二七日）後ですが、戦域としての緊張感を維持した状況下、在日米第五空軍からリリース（引き継ぎ）されました（一九五八年二月一七日）。その実施要領は、アメリカの戦時における領空侵犯措置実施規則がそのまま日本に渡されて、航空自衛隊は現在でも準用しているのではないかと思っています。戦時の対領空侵犯措置だから、当然、武器使用権限を委任されているんですね。日本の事情に合わせて多少でも変更されることが望ましいのですが、内容が「秘」扱いですから確認ができておりません。

ところが、アメリカ本国における対領空侵犯措置の規則では、最近まで武器の使用権者は、委任規定がなく、大統領一人にしか権限がなかったんです。けれども、9・11であんなことがあったものだから、間に合わないからということで権限を委任する法律をつくったのです。だから、武器使用を命ずる権限を委任されている日本の場合、日本独自の対領空侵犯措置実施基準を再考しない限り、朝鮮半島有事が続いているとも言えるのではないでしょうか。

結局、戦時が前提で、ウクライナの婦女子までが銃の取り扱いを習ったり、アフリカにおいてはそれが普通だったりするということは、そこの国民がかなり幼少の頃から戦争が何であるかということをイメージできているということです。自分の身は自分で守るという気持ちが無意識のうちに備わる環境にいるということではないでしょうか。

日本の「対領空侵犯措置実施規則」は取り扱いが「秘」に指定されていますが、一九八七年一二月九日に発生した「対ソ連軍領空侵犯機警告射撃事案」について、翌年NHKテレビで特集を放映した際、実は、内容の多くが公開された経緯があります。

朝鮮戦争の有事下での事態が日本で継続しているという事実は、日本人が戦争を理解する上で、何らかの役に立つかもしれません。日本人が戦争をやめさせるという発想にもっと近づくためには、戦争とは何であるかを日本人が理解できなければなりませんから。

繰り返して申し上げたいのは、石破さんがいいことを言っておられるのに、なんでもっとキャンペーンしないのかということです。それは裏を返してしまえば、おそらくいくらキャンペーンしても、国会議員はもとより、国民が戦争の本質、軍事の役割を分かってないから響かないという問題なのでしょうね。

伊勢﨑　先に述べた朝鮮国連軍地位協定からすると、日本は常に戦時なのでしょうか。でも、それはアメリカがそうさせているから。協定の問題を改正しなきゃという自覚も何もないわけですね、日本人には。戦争というものを分からせる前にそこでしょ？というより、そこが分からないと、日本国民に戦争を理解させるという行為は、「侵略に備えよ」というような感情的なリアクションしか呼ばないと思うのですが。

この理由で、ひとつ林さんに確認したいのです。先ほどのご発言の本意は、日本人にもう少し臨場感を持って戦争を理解させるのは、そうさせることによって日本人を非戦のほうに向かわせたいということですよね。

林　はい。

戦時下の国民の協力をどう捉えるか

伊勢﨑　国民の動員は、やっていいことではありませんよね。

林　動員ですか。

伊勢﨑　徴兵制を含みます。

林　極端なことを言えば、国家総動員ということについては、危機管理に直面している日本人があらゆる危機事態対処に誰でもが従事して個人が果たせる役割を持っていることが大事だと考えています。いわゆる手に職を持つというか、手に技術というか、他人のために役立てる何かを持つべきだと。

伊勢﨑　ということは、有事に際しては、一般市民がいわゆるジュネーブ諸条約上の戦闘員、つまり敵から見れば合法的な攻撃目標になることを想定している？

林　戦闘員としては考えておりません。非戦闘員として果たせる役割が何かを見つけていくべきだと思っています。

伊勢﨑　便衣兵？

林　兵という名前も付けたくないです。包帯を巻くとか、食事をみんなに配るとか、そういったことでいいんですよ。国民が全体で助け合えるようなひとつの技術というようなものです。国民が助け合うのは、東日本大震災のような時だけではないと思うんですね。いろんな面で助け合うための訓練なども行って、その時のための習慣などを身につけていくべきだと思います。国民全員がそういうひとつの役割を持てるような動員制というのはあってもいいのかなと思っています。

伊勢﨑　それを何と呼ぶか？の話なのです。これは僕にとって重要なので、少し絡ませていただきます。僕は、国家の一番重要な使命とは、国際法によって国民、特に一般市民を守ることだと考えます。ジュネーブ諸条約などの国際人道法の主目的は、交戦下に置かれる一般市民の生命を保護することです。同法によって保護されるべき市民の定義とは何か？　それは、戦闘員ではないことです。この理由で、僕は、便衣兵的なもの、そして徴兵制も含めて、市民の動員は、国際人道法の精神に唾を吐くものだと考えます。何より、それは敵国から見たら、こっちには無辜の市民は存在しないということで、いわゆる無差別攻撃を誘発します。このマインドセットが当時のアメリカ人を支配したから、広島・長崎に原爆投下がなされたのでしょう？

　加えて、動員のように、将来起こり得る戦争のために準備せよ！という言説は、紛争を予防するための平和時における外交の機会を損なってゆきます。敵国と対話するというジェスチャーだけで、弱腰！　敵に付け入る隙を与えるのか！　そんな感情が言説空間を支配してゆく。予防外交、プリベンティブ・ディプロマシーを進める政治動機が摘まれていってしまう。

林　文脈としては戦争を対象に語っているわけではありません。3・11の東日本大震災の時に陸上自衛隊が七万人駆けつけましたね。しかし、対象となる市町村はいくつありましたかね。そうすると、一個市町村に差し向ける自衛隊なんていうのはたかが知れているじゃないですか。ところが、南海トラフ大地震になった時はそれの三倍の被害が想定されますと言いながら、七万人の三倍といったら陸上自衛隊の定員を超えるわけですよ。それが非常に広範囲に広がって、自衛隊に助けてくれと言っても行けない。行けないと誰かが不公平だと言うに決まっているんですよ。何であっちばっかり行くのって。だから、みんなで助け合うひとつの、何と言ったらいいんですかね、たとえば幼稚園児であれば、絆創膏《ばんそうこう》を貼ることができるとか、小学生になればば包帯を巻く技術というか、中学生になればAEDを使えるとか、そういった技術を身につけていく。おじいちゃん、おばあちゃんに至るまでやれることがあるはずです。そのような国民全体で助け合えるシステムを構築して、使って、助け合いが必要な危機事態に遭遇した時に、その人たちが役に立つという国民制度をつくってもいいんじゃないですかということです。

日本では「動員」とか「防衛」の用語は使いにくい

伊勢﨑　それは動員と呼んじゃいけませんね。
林　だから、言葉がないんですよ。
伊勢﨑　国家の命令じゃ駄目ですね。
林　ええ。
柳澤　それを強制すれば動員になっちゃうわけですしね。
伊勢﨑　そうならないように、NPOじゃ駄目ですか。
林　いいですよ。NPOでも何でもいいんですけれども、そういうふうにしていかないことには、日本人は、稲作の共同作業が廃れてきた今日、相互扶助の気風は醸成できません。

加藤　昔、『民間防衛』という本が出ていました……。

林　民間防衛？

加藤　スイスのマニュアルを翻訳したものです。アマゾンの紹介欄を見ると、こう書かれています。

「スイス政府がその住民と国土を戦争・災害から守るためのマニュアルとして、全国の各家庭に一冊ずつ配ったものの翻訳である。官民それぞれが平時から準備すべき事柄が簡潔に具体的にまとめられ非常に参考になる。この一冊で、戦争や災害などの、想定されるさまざまな局面と状況に対応できる！」

林　いいですよね、それでも。日本では言語アレルギーがありますから、動員とか防衛のような言葉を使うと、みんなに参加を呼びかけても「軍国主義の復活」だとか言われ、そっぽを向かれるどころか、反対運動が起こってしまって無理だと思っています。ですから、言葉には困っています。ぜひ言葉をプレゼントしてください。

6　国民が共通の認識と言語で議論するために

日本人が戦争をイメージできるようにするには

柳澤　ウクライナ停戦の話に引き戻して考えていくと、ここでの議論、討論を通じてひとつ見えてきたのは、戦争体験がない日本人がどうやって戦争を内面化していくのか、戦争のイメージをどう持つかということだと思います。そうしないと、戦争を始めるにしても、止め方を考えるにしても、本当に地に足のついた考えが出てこないだろう。それがひとつの共通認識だと思いました。しかし、今の日本の戦争に反対する市民運動にしても、それから、憲法改正も含めて戦争に備える政策を支持する立場にしても、ありていに言えば右も左も、そこに共通の認識があればもっと共通の言語で議論できるのだと思います。そこはどうすればいいのか。

加藤　主要先進国の中で第二次世界大戦後、唯一戦争を体験してない国、それは日本だけなんです。同じ敗戦国ドイツはアフガニスタン戦争に参戦し、すでに戦死者を出しています。

だから、まるでイメージがつかめない。日本ではだんだん第二次世界大戦のイメージだけが純化されてきています。戦争はこれほど厳しい、これほど悲惨だという戦争のイメージがあって、非戦の言説が年々大きくなっています。その一方で、そのような厳しい、悲惨な状況にならないよう軍備増強して防衛が必要だという立場の声もより大きくなっている。いずれにせよ、双方とも戦争を純化してしまっているのです。

しかしそれは実際の戦争とは違う。先ほど私の父親と母親の話をしましたけれども、昭和一六年生まれの元自衛官から聞いたのですが、四国の山奥に生まれて、戦争なんか知らなかったそうです。同じ年ごろでも、私の中学校の恩師は神戸大空襲の記憶を、西宮から赤く染まる神戸が見えてきれいだったと語っていました。野坂昭如《あきゆき》の『火垂《ほた》るの墓』につながる話です。

元自衛官が戦争が終わったことを何によって知ったかというと、終戦後まもなく、食料不足で都会の人が山奥まで自分の着物や貴金属などを持ってきて、米、野菜など食料を物々交換で譲ってくれと言ってきた時だそうです。では戦争中はどうだったのかといえば、食べ物に困ったことなどないと言っていました。実際、本当の飢餓が起こったのは、戦争中よりも、山口良忠《よしただ》裁判官が闇米を拒否して餓死した昭和二二年です。戦争が終わって、社会インフラが混乱し、食料が十分に運べなくなって飢餓状態になった。

日本人の戦争観はどう変化したのか

加藤　ちょっと話を戻します。これまで七二年生きてきて、若い人はあまり信じないかもしれませんけれども、私の小学校の頃、軍事モノがブームになった時代があったんです。柳澤さんや林さんならよく覚えていらっしゃると思いますけれども。「少年サンデー」や「少年マガジン」で自衛隊の戦闘機や米軍払い下げの艦船が堂々と表紙を飾っていました。太平洋戦史の図入り解説や、当時の日米の戦闘機や艦船が毎号掲載されていました。戦闘機や戦車のプラモデルをみんな夢中になってつくっていました。なぜか私の前後の世代が、兵器や戦史に詳しいのは、子供の頃夢中で読んだ漫画月刊誌、少年週刊誌そしてプラモデルの影響でしょうか。それから、テレビ・コマーシャルでも軍歌が流れていました。「コンバット！」とかアメリカの戦争番組も毎週テレビ放映されていた。今ならとてもテレビでは放映できない戦争ドキュメンタリーもありました。日本の映画でも、森繁久彌《もりしげひさや》主演の「警察日記」という一九五五年の映画の中で、伊藤雄之助演じる岩太が自衛隊に入隊することになり、出征兵士のように村人に見送られるシーンがありました。一方で一九五八年に「私は貝になりたい」が放映されましたが、このテレビ・ドラマも反戦というより、戦争という抗《あらが》いがたい時代の渦に翻弄される一庶民の悲哀を描いていました。戦争に対するイデオロギー的反感の少ない時代があったのです。終戦後それほど年月の経っていない時代には、みんな、ある意味で戦争のリアリティーに基づいて戦争というものを語っていたんです。

雰囲気が変わったのは今でも覚えています。六〇年代末に学生運動が起こった時です。たとえばTBSで「おかあさん」という三〇分ドラマをやっていて、母子家庭をテーマにしているんですが、子供が防衛大学校に行きたいと言うのに対して母親がえらく反対するというところを覚えています。つまり、それまでとは明らかに何か雰囲気が変わったなという状況の中で、戦争の語り方、広島の語り方が変わっていく。

広島が漢字から片仮名になっていく過程も分かるのです。たとえば『はだしのゲン』は、最初は反核の物語ではなかったのです。あれは「少年ジャンプ」でしたでしょうか、一九七三年か四年ぐらいの開始当初は、被爆地の悲惨な中でもたくましく生きていく少年を描いていました。それが一年半ぐらいで連載は打ち切りになりました。当時大学生でしたが、食堂に置かれた「少年ジャンプ」で時折見ていました。読者の評判もいまいちで、しばらくして別の出版社に移っていました。そしていつの間にか、反核をテーマにするようになり、それを一部の人たちが持ち上げて、大きな評判になっていく。

そして、漢字の「広島」が「ヒロシマ」になるにつれて、どんどんどんどん反核イメージが膨らんでいって、戦争とはこういうものだというイメージができ上がっていくんですね。その過程をずっと見ていました。戦争反対と言うけれど、今のじいさん、ばあさんだって、大半は戦争は知らないんです。一部の人が学童疎開、空襲経験、焼跡闇市など自らの体験を自らの戦争として記憶し、語っているだけです。

伊勢﨑　戦争反対を言うけれど、その戦争をよく知らない。

加藤　だから、完全に現実の空間の戦争ではなくて、まさに自分たちの頭の中でさまざまな言説によってつくり上げられた戦争が、今、我々の日本人の戦争観になっている。それは私も同じです。これまでお話しした戦争は、すべて私の経験や知識から紡ぎ出した私の戦争です。それでは自分も言説やイメージに染まってしまっていると思ったので、大学で教えている時に、戦争の雰囲気だけでも知りたいと思って紛争地を歩き始めたんです。

現場で国民も自衛隊も悩んでいること

林　加藤先生の戦争観は、今の若者には違和感があるでしょうね。僕自身が自衛官でありながら違和を感じたのは、二〇二二年ですが、自衛隊の裏側全部見せますというテレビ番組がありました。

伊勢﨑　民放でしょう。

林　ええ。ブルーインパルスから、戦車から、潜水艦から、次から次へと見せた。それを見せられた若者は、おお、全部かっこいいと。これだけです。

加藤　見ました。テレビ局も貧すれば鈍するんだなと。

伊勢﨑　そこでこの話題です。地方によっても違うと思うのですが、市町村によっては、地元の高校が、自衛隊に生徒の名簿を出さなければならないところがあるのです。強制か、それとも同調圧力かは、定かではありませんが。

林　僕は自衛官募集事務所の束ね役をやっていたことがあります。

伊勢﨑　ある教職員組合から講演を頼まれて、先週、鹿児島に行ってきたところなのです。僕にコンタクトをしてくださった方は国語の先生なのですが、こんなことを綴《つづ》られていました。

二〇二二年二月、ロシアがウクライナに侵攻して以来、ウクライナの人々の惨状がテレビと新聞を通して逐一報道されるようになった。大手メディアの報道は、ロシアが悪でウクライナが善というようなものばかりで、あっという間に日本全体がウクライナかわいそう、ゼレンスキー頑張れになってしまったように感じた。日本にもゼレンスキーのような指導者が必要だと作文に書いてきた生徒がいた。

言説空間がこんな状況で、加えて自衛隊の勧誘も進み、高校教師として生徒の進路相談をどうしたらいいのか。そういう問題意識が現場の先生たちにはあるようです。

柳澤　自衛官の募集相談員を長年やっていた方がいて、ちょうどこの戦争が始まったすぐ後に電話をもらいました。「柳澤さん、俺たちこのまま募集の勧誘をしていいんだろうか」と、疑問を述べておられました。

伊勢﨑　この鹿児島の先生たちと同じですね。彼らによると、他県の教員からも同じ相談を受けるそうです。

柳澤　それはどういうことかというと、これまでは、自衛隊に入ったって、いろいろな資格とか運転免許を取って、退職金ももらえるけれど、戦争なんか行くことないから大丈夫だと言って勧誘していたはずなんです。ウクライナ戦争が始まってから、本当にうちの子は戦場に行くことはないのですかと、親御さんが真剣に心配されている。それに答えようがないということなんですね。そういう面では、自衛隊は何をする組織なのかということを、ある意味正しく認識されていることでもあるんです。そういういろんな変化が出てきている。

もう時間も押してきているので終わりにしたいのですが、本当にどうしたらいいんですかというのは、私もあちこちで聞かれます。「そんなこと分かったら誰も苦労しやしません」ということなのですが。

7 戦争体験を純化させないために

林 ひとつのアイデアとしては、ウクライナの戦争について、本当に真相に至るまで学習することでしょうね。その上で、こんな戦争はやっちゃいけない、ほかにも戦争はあるけれど、その戦争もやめなければいけない、やめさせなければいけないという感性を育てていかなければならないと思うんです。

ところが、戦争学とか戦争史ということについては、まったく日本では教育の場では教えられておりません。だから、自衛隊に入ること自体、仮想の世界であっても、戦争と直面するひとつの場であるわけです。そう考えれば、防衛大学校とか少年工科学校みたいなものは、たくさんつくればいいのです。入学者の半分が辞めてもいいんです。そして戦争は何かとか、安全保障は何かとか、戦争の本質であるとか軍事力の役割はどこにあるかとか、そういうものをひとつの常識的な教養として教えればいいのです。加えてそこには、ハードな人助けのテクニックを専門的に教育訓練してもらった成果を社会に還元できるメリットもあります。また、今であれば、これは年齢的にいくつからかという問題はあるんですけど、かなり年少の義務教育の段階からウクライナでこんな戦争があるねという話をした後、どうすればやめられるかなということを子供たちに語らせてもいいんじゃないかと。

伊勢﨑　前述の鹿児島の国語の先生が興味ある試みをされています。「黄色い花束」という、黒柳徹子さんがコソボ紛争のことを書いた随筆を教材に、生徒たちと考えているそうです。そのことを報告書にされていますので、その抜粋を読みますね。

ユニセフ親善大使を務める黒柳さんが戦下にあるコソボの子供たちのことを、自身の戦争体験と重ねあわせながら書いている随筆（第一学習社の「現代の国語」の教科書に載っている）である。いつの時代も戦争で犠牲になるのは子供たちであるということが優しい言葉で書かれており、戦争について考えるきっかけとして良い教材だと思う。

しかし、気になる点もある。それは、アルバニア系の人々の被害のみが語られていることである。「ユーゴスラビアの軍隊や警察に、焼かれ、壊され、略奪され」、「コソボの九〇%を占めるアルバニア系の人たちの半分の、九〇万人が、コソボから追い出されて難民になった」、「ユーゴスラビアのセルビア人たちは、たくさんの地雷を、コソボのあらゆる所に、あらゆる方法で埋めたり、隠したりした」、「コソボの六三％の小・中学校が、セルビアの人たちによって破壊された。アルバニア系の人たちには、勉強させたくない、という理由からだという」という具合に。ぬいぐるみに仕掛けた爆弾で子供が死んだというボスニア・ヘルツェゴビナの話を持ってきて「これが民族的な憎しみだ」とも述べている。

「黄色い花束」では、セルビア人が加害行為を行い、アルバニア系の人々が被害を受けていたということのみが書かれているが、それではセルビア人の側から見たらどうだろうか。

NATOの空爆終了後六年間にわたってコソボに通い続けた木村元彦《ゆきひこ》氏のルポルタージュ、『終わらぬ「民族浄化」セルビア・モンテネグロ』（集英社新書、二〇〇五年）には、一九九九年のNATO軍空爆直後、約二〇万人のセルビア人が難民となり、いまだに帰還できていないこと、治安維持のためにコソボに入ったUNMIK（国連コソボ暫定統治機構）やKFOR（コソボ治安維持部隊）がセルビア人を守らず、セルビア系の民間人三〇〇〇人が拉致され、ほとんどが殺害されていることなどが書かれていた。また、紛争当時、米国の広告代理店が「セルビア悪玉論」を世界に流通させていた、ともあった。

今日の議論は、加藤さんの戦争に関わる「現実空間と言説空間」の問題提議で方向づけられ、大変に有意義でした。この高校の先生も、同じ問題意識を持ち、今の日本を支配する言説空間の真《ま》っ只中《ただなか》で、生徒たちと向き合う現実を憂いているのだと思います。

柳澤　日本の過去の戦争体験も、語られてきたのは被害の体験なんです。さっきの広島の話も同じです。加害のほうの体験が驚くほど少ない。それは、戦争体験が純化されているということなのかもしれないのですが、英雄の物語か悲惨な悲劇か、ということになっているわけです。しかし、日本では英雄がやったことになっていることは、今、あなたたちが批判しているロシアがブチャやアゾフスターリの製鉄所でやったこととどう違うのですかという、そういう視点が本当に欠けている。私どもとしてそういうところを訴え続けていくということです。

林　もうひとつは、日本には平和祈念館があるけれども、戦場の悲惨さを視聴覚に訴えたり、日本兵の遺骨がまだ戦場に残されていることを知らせる戦争博物館がないんです。ベルギーのイープルの戦争博物館では、毒ガス戦や塹壕《ざんごう》戦の悲惨さを、戦死した兵の軍靴を部屋一杯に詰めこみ、毒ガス用マスクも山積みにした形で展示しています。平和祈念館では戦時においての「こんなに苦しく忍耐が必要な生活が強いられる」感が強く、戦場が投射されていません。だから、戦争の残虐性が伝わりにくいんですね。「戦争博物館」があり余るほど存在する欧米ですが、それでも「戦争好き」のＤＮＡが濃く残っているのは皮肉です。日本にはそのウォー・ミュージアムがないんですよ。だから、非常にいびつなひとつの文明構造になっているのかな。だから、戦争への関心が核心にいかないんですね。

伊勢﨑　僕も他国の戦争博物館をいくつか見ましたが、やっぱりそれぞれ固有の言説空間に支配されていますね。その中には、かなり偏ったものもある。戦争博物館の比較研究をするのも面白いですね。

第三章　ガザの戦争・人道危機を考える

本書のために著者が集まり、議論を行ったのが、二〇二三年九月二五日。それから二週間も経たない一〇月七日、パレスチナのハマスがイスラエルを急襲して大量の人質を奪い、それに対してイスラエルがハマスの拠点であるガザ地区を大規模に攻撃し、現在のガザ人道危機が出現することになります。

停戦を求める国際世論を嘲笑うかのように殺戮が続く現状は、本書で無視することのできない性格のものです。著者に緊急の寄稿をお願いしました。

「自衛隊を活かす会」事務局

I　愚かな戦争――戦争の結果という視点から

柳澤協二

ハマスの無差別攻撃を契機に始まったガザの戦争は、本稿執筆時点ですでに七週間が経過しています。

戦争が始まった時、知人から「人間であることが嫌になった」というメールをいただきました。人として見るに堪えない惨状を目にすればまったく同感ですが、人間であることをやめるわけにもいかないので、私なりにこの戦争を考えなければならないのですが、分からないことがいくつかありました。

ガザ戦争とは何か？

ひとつは、何を戦争と言うかです。一〇月七日にガザからのロケット弾攻撃がありました。これは、「無差別テロ」と言うべき事件でした。イスラエル政府は、「戦争状態」と定義して大規模な報復に乗り出すことになりました。9・11テロに遭遇した米国で、ジョージ・W・ブッシュが「これは戦争だ」と述べてアフガニスタン・タリバンとの戦争に突入したことを想起させます。そして、ガザ地区への空爆と地上侵攻を始めました。これは、まぎれもない戦争です。

戦争であるから、「自衛権」を主張します。9・11の時は、国連安保理事会が自衛権に賛同しました。今回はそれがありません。四回にわたる中東戦争の結果、イスラエルが占領地であるヨルダン川西岸地区に入植するのは国際法違反で、また、ガザ地区を封鎖していること自体が国際的非難の対象でした。一方、9・11後の米国と共通するのは、武力に自信を持っていることです。そこで、武力にモノを言わせようとすればするほど、占領者の横暴と受け止められてしまう。だから国際世論は、イスラエルではなくガザ・パレスチナに同情する。

ハマスの狙いは何か?

もうひとつ、戦争で何を獲得しようとしているのか、特にハマスの狙いが分からない。大規模なロケット弾攻撃で一〇〇〇人を超えるイスラエル市民を殺せば、当然報復を受ける。それを防ぐために二五〇人とも言われる人質をとったのかもしれませんが、ネタニヤフ政権がそんなことで報復の手を緩めるとは考えられない。「人質を盾にしたテロリストの要求には応じない」というのが、9・11以降の世界のスタンダードです。

また、ハマスは、人質を材料に何らかの政治的要求をしているわけでもなく、イスラエル軍の侵攻に対して激しい戦闘で対抗しているようにも思えません。イスラエルも、ハマスの司令部と称する病院の地下からわずかな武器を見つけただけです。仮に病院が秘密の司令部であったとしても「もぬけの殻」だった。ハマスはどこに行ったのか?

ハマスの主力は、大量の武器とともにガザ全域に潜伏しているのだと思います。この原稿を執筆している一一月末の時点で、人質の交換と引き換えに休戦状態が生まれていますが、国際社会の強力な介入がなければ、戦争はやがてガザ全域に拡大する。ガザは、人の住めない土地になる。ハマスの狙いは一体何なのでしょうか?

専門家は、ウクライナ戦争があってパレスチナへの国際世論の関心が薄れ、中東諸国とイスラエルの政治的関係改善が進んでいる、ガザの若者を中心とする失業率の高さでハマスへの支持がゆらいでいる、といった要因を挙げています。それはその通りだと思います。そして、戦争を起こすことで国際的関心がウクライナからパレスチナに戻り、アラブ諸国とイスラエルとの関係改善が停滞し、何より、イスラエルの戦争犯罪に対する国際的非難が高まっています。そういう政治的効果はあった。だが、そのために戦争を選択し、ガザ市民に苦難を強いているハマス指導部のやり方を許すわけにはいかない。そのことをまず、おさえておかなければいけないと思います。

しかし、それは一体、ハマスに何をもたらすのでしょうか。ハマスは、ガザの統治者です。それが、「自国民」を守ることができず、市民を犠牲にして政治的成果をあげたところで、もはや統治の正統性を維持することはできません。イスラエルの狙いもそこにあるわけで、ハマスの下でガザの人々の安全や生活は成り立たないことが明確となりました。民間人を盾にする戦争指導は、許されない行為であるとともに、戦術としても失敗を運命づけられています。愚かな戦争であると言わざるを得ません。

分かりやすいイスラエルの狙い

一方、イスラエルの狙いは明確です。ガザを拠点とするハマスの脅威を将来にわたって取り除くことです。それは、殲滅戦争です。民間人への被害を限定するというタテマエはあっても、誰が武装勢力か区別がつかない戦場です。また、親族であるハマスの要員を匿《かくま》い、助けることもあるはずです。そういう民間人も、「自衛権」の論理から言えば、殲滅の対象とされるでしょう。アフガニスタンやイラクでも、同じ理屈で多くの民間人が殺されています。

イスラエルは、ある程度気を遣っていると思います。東京二三区の六割の広さに二〇〇万人が密集する地域ですから、東京大空襲のような爆撃をすれば一〇万人単位の死者が出ているはずのところ、現時点で一万五〇〇〇人の死者「しか出ていない」のですから。しかし、気を遣ったとしても、民間人を殺すのが戦争犯罪であることに変わりはありません。

では、イスラエルにとっての脅威はなくなるのでしょうか？　殺せば殺すほど、復讐心《ふくしゅうしん》に燃える未来の襲撃者を生み出し、脅威が再生産されていくことは目に見えている。戦争論として本質的なことは、こういうやり方では安全という目標は達成できないということです。つまり、イスラエルも、まったく愚かな戦い方をしている。

ガザ・パレスチナからの「脅威」をなくしたいのであれば、爆弾と恐怖と絶望ではなく、生活の場と安堵と希望を与えなければなりません。

戦争の結末ではなく、結果を考える

戦争となれば、戦勝を追求することは当然です。しかしそれは、行為 input に対する結末 output であって、それがもたらす結果 outcome ではありません。

今回の戦争で、ハマスは統治者としての正統性を失い、イスラエルは国際社会の支持を失うとともに、人質の安否によっては、国内の支持もゆらぐことになります。中東諸国も、ガザ、パレスチナの将来像を抜きにイスラエルとの関係改善を進めることが難しくなるでしょう。南米の一部には、イスラエルとの国交を断絶する動きもあります。イスラエルは勝者になっても、世界でますます居心地が悪くなることが予想されます。

イスラエルの立場を支持する米国の孤立を象徴する出来事がありました。一〇月二七日、国連総会でヨルダンが提案した休戦決議が一二一か国の賛成を集めました。反対したのは、米国、イスラエルのほか、中東欧と太平洋島嶼国の一部など一四か国に過ぎません。G7諸国の中でも、フランスは決議に賛成、日本、英国、イタリア、ドイツ、カナダは棄権しています。つまり、戦争を止めることに反対はしていない。

争点となったのは、「ハマスの行為を非難する文言がない」という点でした。では、ハマスを非難すれば休戦に同意したのか、そして、戦争を終わらせるために何をするのかは、まったく分かりません。言い換えれば、今、優先すべきことは殺戮と破壊を止め、ガザの人道危機を終わらせることであって、イスラエルの顔を立てることではありません。この稿の冒頭で、ガザ戦争の定義を考えた意味も、そこにあります。

もちろん、戦争犯罪は、誰のものであっても厳しく追及すべきです。しかしそれは、情勢が収束してからの課題です。南アフリカが主導した一一月二二日のＢＲＩＣＳ首脳会議では、イスラエルとハマス双方を非難しつつ、停戦と市民保護のための国連部隊の派遣が提案されています。どちらがいいか悪いかではなく、こうしたことを本気で考えなければならない時です。

戦争というものは、当事者と支援者が予期しなかった結果をもたらすものです。第二次世界大戦では、ファシズムを打倒する戦争の後、大国の特権を前提とした国際秩序が築かれました。ウクライナとガザの戦争では、その秩序が限界に達していることが示されています。世界秩序の盟主であった米国が唱えてきた自由と人権は、現実の戦争によって破壊されています。国際世論の大勢は、戦争が何も解決せず、最大の人権危機となることを認識しています。

私は、無力ではありますが、今日のふたつの戦争が、大国が牛耳る世界から戦争を否定する国際世論が支配する世界への転換という、「予期しない結果」をもたらすことを確信しています。そうでなければ、人類の未来はないからです。

Ⅱ　まだ「名称」が付けられない「ガザ紛争」

加藤　朗

私が「ガザ紛争」と、単に戦闘の起こっている地名で呼ぶのは、この戦闘が今後どのように拡大、変容するか分からないからです。単にハマス・イスラエル紛争と呼ばれるか、それとも中東全域に拡大して第五次中東戦争と呼ばれるようになるか、現時点（二〇二三年一二月）では不明です。

言説空間ではハマスが実質的に勝利している

しかし、現在までにすでに明確になっていることがあります。それはハマスの実質的勝利です。言説空間において、国際人道法の観点から欧米キリスト教国を中心に国際世論は圧倒的にパレスチナを支援しています。現実空間においてもハマスは一〇月七日の襲撃以来、一二月二六日時点で四九四人のイスラエル兵士、将校、予備役そして五七人の警察官、一二〇〇人の民間人を殺害しています（*The Times of Israel*, 8 Oct. 2023, 更新 26 Dec. 民間人を除く全員の氏名を逐次公表）。イスラエルは大敗北を喫しています。その後のイスラエル軍によるガザ侵攻は、この大敗北を糊塗《こと》するための戦闘と言ってよいでしょう。それにしても、一〇月七日の戦闘だけで約三三〇〇人もの戦死者を出すなど、宇・露戦争と比較してもめったにない大損耗です。ちなみに第三次中東戦争でのイスラエル軍の戦死者は七七六人、第四次中東戦争では二六八八人です。

イスラエルの一〇倍返し、一〇〇倍返しとも言われる苛烈な報復攻撃の背景には、ＬＩＣ（価値拘束的な「テロ」という用語に代えて、少なくともどちらか一方の紛争主体が非国家主体である低強度紛争〈ＬＩＣ：Low Intensity Conflict〉を使用）の有効性をイスラエル自身がよく知っているからだと思います。イスラエル自身、反アラブ、反英武装闘争というＬＩＣによって建国した歴史があります。他方、パレスチナもＰＬＯ（パレスチナ解放機構）を中心に一九六七年以降反イスラエル武装闘争のＬＩＣを本格化させました。それは、イスラエルだけではなく、日本やアメリカなどイスラエルに関係する国の航空機のハイジャックや大使館等の占拠によって、国際社会の関心をパレスチナ紛争に集める作戦でした。

たとえば一九七〇年九月にはＰＦＬＰ（パレスチナ解放人民戦線）によるイスラエルをはじめアメリカやスイスなどの旅客機五機の同時ハイジャック、一九七二年五月には日本赤軍のテルアビブ空港襲撃、同年九月、「黒い九月」によるミュンヘン・オリンピック襲撃事件等、世界中の関心を喚起する作戦を次々に実行しました。そして、アラブ諸国の支援や国際世論の後押しを受けながら、半世紀にわたるイスラエルとのＬＩＣを戦い、一九八八年一一月にヨルダン川西岸とガザを領土としてパレスチナ国家の独立を宣言、現在一三九か国が国家承認し、国連のオブザーバーの地位を得ています。つまり、イスラエルもパレスチナも苛烈なＬＩＣによって国家の建設に成功したのです。言い換えるなら、両国とも力がなければ建国も国家の存続も不可能という言説に支配されているということです。

ハマスとイスラエルに問われていること

一九七三年一〇月六日の第四次中東戦争開戦五〇周年に合わせ（るかのように）、一〇月七日にハマスはイスラエル奇襲に成功しました。その被害は、前述したように、イスラエル建国以来最悪、前代未聞です。周囲をアラブ国家に囲まれ、国内でも約一〇〇〇万の人口のうち二一パーセントのアラブ系イスラエル人を抱えるイスラエルは、対アラブ、対イスラムとの人口比を気にせずにはいられません。他方で、ハマスは一〇倍返し、一〇〇倍返しの報復を受けています。少なくとも北部ガザはハマスのトンネルのある地下も含めて、完全に瓦礫《がれき》と化すでしょう。それだけではなく、より深刻なのは、民間人の被害です。ＬＩＣは、少なくとも一方の紛争主体が非国家主体であるだけに、もともと民間人の付随的損害を前提にした戦術です。ガザ紛争でどこまで犠牲者が増えるか予測もつきません。

イスラエルの報復が苛烈であればあるほど、言説空間では、親パレスチナ、反イスラエルの言説が膨れ上がってきます。現在でも中東を超えて反イスラエル感情は世界中を覆っています。ハマスはこの言説空間における勝利を、現実空間における政治的勝利すなわちガザの完全解放につなげることができるか、他方、イスラエルは現実空間におけるハマスの殲滅という軍事的勝利を政治的勝利すなわちイスラエルの絶対安全圏の確立につなげられるかどうか。それが両者に問われていることです。

そのために両者とも、言説空間における親パレスチナ、親イスラエルの言説をどのように拡大できるかにかかっています。皮肉にも、現実空間でパレスチナ人の犠牲者が出れば出るほど親パレスチナ、反イスラエルの言説が広がりハマスは勝利に近づきます。反対にイスラエルはハマスの殲滅という目標に近づけば近づくほど民間人の「付随的」犠牲が膨れ上がり、勝利から遠ざかることになります。

だからと言って、ネタニヤフ政権はハマス殲滅の目標を取り下げることはできません。妥協すればネタニヤフ政権自身が維持できません。それだけでなく、力以外に国家を存続維持する方法はないというのが、ディアスポラ（民族離散）と迫害の歴史を背負い力で建国した国家の宿命だからです。

しかし、力は必要条件ですが、平和を維持するための十分条件ではありません。いずれガザ紛争が収まった後には、安定したイスラエル・パレスチナ関係を制度化、組織化していく必要があります。それにはどのような安全保障システムを構築していくか、イスラエル、パレスチナのみならず地域関係国そして何よりもアメリカを含めた国際社会全体での対話が必要となります。

オスロ合意を現代に蘇《よみがえ》らせることができるか

そもそも対話の前提は、相手の存在を認めることです。このことが、イスラエル・パレスチナ紛争では難しいのです。イスラエルとパレスチナ双方が、相手の存在を公式に認め合ったのは、一九九三年のオスロ合意です。それまで両者は、互いに相手の存在すら認めていませんでした。認めていないのですから、対話も交渉もできません。あるのはテロや武力鎮圧などの肉体言語による物理的「対話」だけです。

現在のハマスも一九八八年の「ハマス憲章」ではイスラエルの存在を認めていませんでした。二〇一七年の新憲章でも、認めたかどうかは解釈次第で曖昧です。他方のネタニヤフ政権もハマスの存在はまったく認めていません。軍事的交渉、たとえば民間人保護に限って一時停戦などはあり得るかもしれませんが、政治的交渉は双方とも拒否するでしょう。

当事者同士の解決が難しいとなると、やはり周辺アラブ、イスラム諸国が時の氏神となれるかです。しかし、火中の栗《くり》を拾うような国はおいそれとは出てきません。それどころか、場合によってはこれを機にエルサレム解放を目指そうともくろむ組織や国があるかもしれません。たとえばイランの革命防衛隊に属するコッズ部隊です。コッズ部隊は、イラン・イラク戦争で一九八二年五月に反転攻勢に出たイランで、ホメイニ師の命令の下コッズ（エルサレム）解放を目指す精鋭部隊として登場してきました。コッズ解放は、ホメイニ師の遺訓を受け継ぐイランだけでなくアラブ諸国そしてイスラムの人々にとって見果てぬ夢となっています。

残るはアメリカということになります。しかし、そのアメリカも9・11同時多発テロ以来、中東戦略は対テロ戦争に集中し、イスラエル・パレスチナ問題はまったく等閑視してきました。その間にネタニヤフ政権は西岸に入植地を拡大し、アメリカが仲介した条約や協定を反故《ほご》にしてきました。今さらアメリカが介入しようとしても、その政治的影響力はあまりありません。

その代わりなのでしょうか、弥縫策《びほう》的に空母や原潜を派遣するなど軍事的抑止力に頼ろうとしています。

では今後のガザ紛争の行方はどうなるのでしょうか。それを考える上で参考になるのが、冷戦終焉前後のイスラエル・パレスチナ関係です。両者とも冷戦終焉という国際環境の劇的変化を受けて、相手を相互に承認せざるを得ない事態に追い込まれました。その結果が前述したオスロ合意となって結実したのです。今回のガザ紛争も、国際環境の変化の中でしか解決は難しいでしょう。それがどのようになるのか分かりません。イスラエル、パレスチナの対立が永遠に続くかと思われた時、オスロではお互いに相手の存在を認めた上で交渉のテーブルに着き、極秘裏に合意が結ばれました。クリントン大統領の立ち会いの下ＰＬＯ議長アラファトと握手したイスラエルのラビン首相は、その後一九九五年一一月、和平に反対するユダヤ人青年によって暗殺されました。平和の代償です。しかし、今回どれほどの流血が平和の代償となるのか、戦場の霧はあまりに深く、見通すことはできません。

Ⅲ　厄介な戦争

林　吉永

戦争が起きる三つの原因

戦争はさまざまな原因で生起します。

第一に戦争は「富・名誉・生存圏」を得る、あるいは「脅威・恐怖」の排除が主たる目的で起こります。

戦争の主体は、目的達成のため殺戮・破壊を伴う「略奪・征服・制覇・殲滅」といった行為に及び、その目論見が達成されれば終戦に至ります。他方、「される側」が防衛に成功すれば侵攻側は撤退して終戦します。

これらは、古代のペルシア戦争／アレクサンドロス大王の東征／カエサルのガリア遠征／ユダヤ戦争、中世の封建領主の戦争／大航海時代の新大陸侵蝕、近代のナポレオン戦争／植民地帝国形成／北米大陸征服／日露戦争、最も大規模だった第一次世界大戦／第二次世界大戦に例を見ることができます。進行中の「プーチンの戦争」もそのひとつです。

主権国家、あるいは、同盟・連合国が対峙した近代戦争を伝統的戦争、その時代を戦争の世紀と呼んでいます。近代戦争を喚起した『戦争論』の著者クラウゼヴィッツは、「戦争は他の手段をもってする政治の継続である」としました。また戦争を「決闘」になぞらえ、殲滅戦で相手の降伏を誘い、降伏に至らなければ相手を滅亡に追い込む絶対戦争を謳いました。

伝統的戦争では、大会戦の勝敗が戦争の決着を導きます。戦闘が先行きの見えない膠着に陥ると仲介者の手引きで戦争が中断、あるいは終戦に至ります。

原因が明らかなこの種の戦争は、戦争をやめさせる手立てが数多く考えられます。しかし、原因が「根深い」、あるいは「輻輳《ふくそう》する」と、戦争に決着をつけるどころか「増幅する」ことも多くあります。

第二は、「怨恨・宿命・背反・憎悪・排他」を理由とする悩ましく厄介な戦争です。「復讐・報復・雪辱」を果たす殺戮・破壊の行為は、何百・何千年もの間、一時やむことがあっても、双方が存在する限り規模の大小、戦闘員・非戦闘員の別なく繰り返されてきました。この種の戦争は、その原因の根が深く、価値の共有、妥協が困難で「怨恨・宿命・背反・憎悪・排他」

を掻《か》き立てる事件によって簡単に再発します。

一九五一年の第一一回国会本会議における演説で、吉田茂総理大臣は、第二の現象について次のように表現しました。

「世界大戦の記憶、戦争による憎悪、仇敵、不信等、国際間の悪感情は容易に滅却するものではなく、この悪感情は、現に深刻複雑な国際関係となって世界平和の確立を妨げております」

「別けても、戦時中、我が国から侵撃あるいは脅威を受けた諸国の対日感情が今なお釈然としないものがあることは当然です」

吉田は、「国家間の怨恨・憎悪」の顕在・潜在が戦争の種子であると考え、「大東亜戦争失敗」のツケを子々孫々にまで遺《のこ》し、再び戦争の惨禍を日本国民のみならず国外、他国民にまで及ぼすことがないよう、その危惧を述べ警告しています。

戦争史において怨恨・排他・憎悪がもとで繰り返された戦争は、旧約の時代からの武力衝突を今日まで繰り返しているイスラエル（ユダヤ人）とパレスチナの戦争が代表的です。他に、イベリア半島を征服したイスラム王朝を排除するキリスト教のレコンキスタ（再征服戦争・七一八～一四九二年）から、十字軍の遠征（一〇九六～一二七二年）、9・11（二〇〇一年）およびパリの同時多発テロ（二〇一五年）に至るキリスト教とイスラム教の戦争に見ることができます。

米国ニューヨーク及びワシントンでムスリムが起こした9・11同時多発テロに際して、ジョージ・W・ブッシュ四三代米国大統領が「対テロ戦争宣言」に継いで「これは十字軍の戦いだ」と発した言葉は、憎悪の感情が高じ、いがみ合った戦争に向かう典型でした。

第三の戦争原因は、「誤解・錯覚」によって戦闘が始まるもので、殺戮・破壊の規模が拡大してしまうと犠牲・被害を出した側に「怨恨」が生じます。したがって、短期に衝突を解消できないと対立が長期に及んで「報復が報復を呼び」、第二に挙げた戦争に陥っていきます。ここでは、誤解・錯覚を起こした側以外に「戦争に走った意思の働き」が分からないという厄介な問題が生じます。

しかも、誤解・錯覚で戦争を起こした側は、殺戮・破壊について自己の正当性を強弁することが多く「恥を晒す決着」を回避しようとします。それは、イラク戦争（二〇〇三～二〇一一年）／アフガニスタン戦争（二〇〇一～二〇二一年）／シリア内戦（二〇一一年～）に介入した大国が事態を悪化させたまま撤退する姿に見られました。

「イスラエルとハマスの戦争」の歴史的淵源

第二の区分に該当する「イスラエルとハマスの戦争」に言及します。

ペリシテ人は、紀元前一三世紀から紀元前一二世紀頃、ユダヤ人以前に先住民としてカナンに住み着いていました。カナンは、旧約聖書「創世記」に記され「神がアブラハムとその子孫に与える」とした「約束の地」で、「出エジプト記」などでは「乳と蜜の流れる地」とされます。その地は豊穣の地であり、地中海・ヨルダン川と死海に挟まれた現在のパレスチナ地域に当たります。ちなみに、パレスチナはペリシテ人の住む地という意味です。

古代イスラエル民族の指導者であるモーセは、ユダヤ人奴隷をエジプトから脱出させカナンを目指しました（旧約聖書「出エジプト記」）。当然、カナンでは衝突が起きます。ユダヤ教の聖書（旧約）は「ペリシテ人はユダヤ人の敵」としています。ユダヤ人がペリシテ人と戦う記述があります。

旧約聖書の「士師（指導者の意味）記」に、一〇〇〇人を超えるペリシテ人を一人で撃ち破った士師サムソンが奸計《かんけい》にかかりペリシテ人に囚《とら》われ、目をえぐられてもペリシテ人三〇〇〇人ほどを道づれにして果てた話があり、「サムエル（士師の一人）記」に、ペリシテの巨人で無敵の戦士ゴリアテをユダヤの羊飼いの若者ダビデが倒した話があります。このふたつの話は、ユダヤ人が仇敵ペリシテ人と戦って倒す象徴です。

第一次・第二次ユダヤ戦争でローマ皇帝はユダヤ教を根絶しようとし、ユダヤ人をイスラエルから追放します。エルサレムは「アエリア（ローマ皇帝ハドリアヌスの家名にちなむ）・カピトリナ（ローマ主神の座す丘の名前にちなむ）」に、ローマ属州ユダヤは「シリア・パレスチナ」と名称を変えられます。ユダヤ人は世界に離散しユダヤ人コミュニティを形成するディアスポラと呼ばれる状態になります。難民となったユダヤ人は、やがてエルサレムの歴史的地名であるシオンに由来するシオニズムを掲げて祖国復興を目指します。

日本は「非戦・避戦」の時代精神を造る役割を

第一次世界大戦時、イギリスは、戦況を有利に運ぶためアラブ、フランス、ユダヤに独立や領土、居住地の保障を担保に味方させます。これが相互に矛盾するものであったことから、歴史は「イギリスの三枚舌」の言葉を遺します。

第二次世界大戦後、イギリスは、混乱するパレスチナ経営を放棄、国連に委ねた結果パレスチナ分割が決議されました。ディアスポラが形成したユダヤ人のロビー活動の効果もあって、シオニズムを掲げて戻ってきた「パレスチナの総人口の三分の一のユダヤ人」には、「五六・五パーセントの土地」が分割され、パレスチナにはガザとヨルダン川西岸地区の「四三・五パーセント」が残されました（一九四七年国連決議一八一号）。

この不公平は対立を煽りました。イスラム帝国の進出でアラブ人の国家となったパレスチナですが、イスラエルに対する旧約時代から連鎖した「怨恨・憎悪」は消しがたく、中東イスラム諸国もパレスチナに味方しイスラエルと対峙しました。

「衝突の無い時代・衝突の時代」それぞれを学際的に掘り下げれば、本思考が必ずしも的を射ているとは言い難い面があります。しかし、衝突が繰り返されて来たことは事実であり、それが絶えていないという現実は、感情という人間の性《さが》にも本質的原因を求めざるを得ません。

今、ハマスの攻撃がイスラエル側の「怨恨・憎悪」に火をつけ「ハマスに対する殲滅戦争」を決断させています。イスラエルの軍事作戦は、ハマスを根絶やしにするまで「軍事的合理性を貫き目的を達成する殺戮と破壊に徹する」と考えられます。

残念ながら第二に挙げた戦争の原因は、第一の原因と比べ戦争をやめる知恵を出しにくくする「情念の世界」にあります。この戦争を終わらせるには、イスラエルの「ハマス殲滅」が必至でしょう。しかし、中断は束《つか》の間《ま》で戦争は再燃します。その最大の蓋然性は、ヒズボラのイスラエル攻撃です。

このような世界情勢下において、先の大戦後、七十余年も「非戦・避戦」を貫いた日本であるからこそ、「非戦・避戦」の時代精神を造る国際社会の旗手であるべきと考えています。

Ⅳ　誰がどんな形で停戦をリードできるか

伊勢崎賢治

イスラエルの「自衛権」は正当化できるか

国連憲章第五一条で定義される「自衛権」が、大国の侵略行為にいかに利用されてきたか、この四半世紀に起きた歴史的事実は以下のように総括できます。

米アフガニスタン戦争：二〇〇一年9・11同時多発テロを受け、アルカイダを匿うタリバン政権に報復攻撃した個別的自衛権。しかし、国際慣習法の自衛行為における「比例原則」を完全に無視し、政権を壊滅するまで空爆し報復を完了。そして占領政策として戦争を継続し、NATOが参戦するも、二〇年をかけて新生タリバンに敗北。そして二〇二一年八月アフガニスタンから敗走した。

米イラク戦争：サダム・フセイン政権がアルカイダと共謀し、大量破壊兵器を保持しているという主張の下、個別的自衛権を拡大解釈した先制攻撃によって同政権を壊滅させ占領政策として戦争を継続。後に米国自身によって、その先制攻撃の根拠となった証拠が否定される。継続する、ＩＳＩＳを含む非正規武装組織インサージェントとの戦いでは試行錯誤を重ね、結果、「民衆の人心掌握」を主軸にする米軍陸戦ドクトリンＣＯＩＮ（Counter-Insurgency）を結実させるも、戦況は混乱。アフガニスタン戦に先行する形で主戦力を撤退し今日に至る。

露ウクライナ戦争：本書で展開してきたように、ウクライナ国内の親ロシア系国民の自決権の保護を名目にした集団的自衛権。ロシアに限らず、大国によって歴史上繰り返されてきた民族自決権の保護にその根拠をリンクさせる侵略行為で、現在も進行中。

そして、**イスラエル・ガザ戦争**。

半世紀以上をかけて拡大してきたイスラエルによる軍事占領の中で、苦痛に耐えかねた被占領者の一部が過激化し〝テロ事件〟を引き起こした――。この戦争の経緯を簡略化するとしたらこうなります。一方の紛争の当事者であるハマスを「テロリスト」とする喧伝《けんでん》が進行していますが、ハマスは二〇〇六年のパレスチナ総選挙で、ガザ、西岸の両方で勝利した、れっきとした「政体」と見なすべきです。

イスラエルの軍事占領といっても、その所業は、入植者、つまり民間人の武装を側面支援しながら、半世紀以上をかけパレスチナ人から土地を収奪してきたというものです。言い方が悪いですが、〝強盗行為〟の中で受けた被弾が、果たして国連憲章第五一条上の「国際連合加盟国に対して武力攻撃が発生した場合には」という個別的自衛権を行使する要件を満たすものかどうか。早急の法学的検証が必要です。イスラエルにとって武力攻撃を受けた場所が、国際法規が承認する〝正当な〟領土であるかどうかの問題があるからです。

イスラエルの攻撃は国際法の「比例原則」を犯している

加えて、被占領者全体に及ぶ、「比例原則」を完全に無視した攻撃、そしてその生活路を完全に遮断するという行為が、国際人道法が最も忌諱《きき》する「集団懲罰」（日本流に言うと連座）に当たることは、一〇月二四日の安保理で国連事務総長グテーレスが異例の発言をした通りです。

破壊する目標の軍事的価値と市民の巻き添え被害の「比例原則」を戒めるのが国際人道法です。僕がアフガニスタンで勤務していた時、所用で訪れたNATOの作戦室で垣間見《かいまみ》たのは、アメリカ・NATO軍は、予定する軍事作戦（特に空爆）のひとつひとつに「比例原則」の許容性を計算し、その横では軍事法務官がその逸脱の蓋然性を繰り返し吟味し、そして作戦を決行する姿です。しかし、それでも巻き添え被害は止めようもなく、世界の人道・人権世論を敵に回したことは記憶に新しいはずです。

僕が折に触れて知見を仰ぐアメリカ・NATO軍の元幹部たちが、今回のイスラエルのガザ攻撃について口を揃《そろ》えるのは、「こんな密集している所に、こんな短時間で、あれだけの量を落とすのか」です。特にアフガニスタン・イラク両方の作戦室に勤務した一人は、「比例原則の無視を〝前提〟とした軍事作戦としか思えない」と。

イスラエルは「事前予告」を盾に攻撃を正当化しています。でも、逃げきれないことが明白な状況で、それは免罪符にはなりません。国際人道法が戒めるのは、事前予告の有無ではなく、あくまで攻撃の【結果】です。そもそも、ガザの人口の約半分の一一〇万人の強制移動そのものが国際人道法違反、つまり戦争犯罪です。

この戦争への日本政府の対応をめぐる言説空間では、イスラム学、安全保障論の研究者の一部に、〝ハマス殲滅〟を掲げるイスラエルのガザ攻撃を支持する声が聞こえます。「人間の安全保障を犠牲に国家の安全保障を優先させる御用学」に成り下がっています。面識のある人物もいるので、本当に残念としか言いようがありません。

アフガニスタンで軍閥の武装解除が軌道に乗り、占領政策に光が差していたにもかかわらず、タリバンの復活が認識され始めた頃、日本政府代表の僕のカウンターパートの米陸軍中将が、ある会議のコーヒータイムの立ち話でポロッと言ったことを思い出します。「こっちの戦争計画は大統領の一任期に縛られるが、あっちはそうじゃない。最初から勝負にならないのだよね」と。〝ハマス殲滅〟を言い募る学徒は、これを胸に深く刻むべきです。

ハマスはすでに勝利しているのかもしれない

この文章を書いている現在、ガザ戦争の開戦からちょうど一か月が経過しました。

アメリカは依然として「イスラエルの自衛の権利」を保護し、安保理決議において「停戦」の一言の挿入を妨害するために拒否権を使い続けています。しかし、すでに国連総会ではガザに人道的休戦の決議が採択されたように、停戦へ向かう動きはすでに始まっています。希望的な観測に過ぎませんが、一九五六年の第二次中東戦争の時と同じような国連総会が発する「平和のための結集決議（Uniting for Peace）」が実現するかもしれません。

人道援助の流入を可能にするルートとその期間をめぐって戦闘を停止する空間と、それを経て、停戦空間を保護する具体的な国際監視団の創設が待たれます。

重要なのは、それを牽引するリード国の出現です。第二次中東戦争の時はカナダでしたが、残念ながら今回はアメリカと緊密に歩調を合わせてしまっています。おそらく、ハマスやヒズボラと中立な関係を維持し、現在も「捕虜交換」の交渉の鍵を握っているカタールを中心に、中東諸国がリードする可能性が高いと思います。

その先行事例として、記憶に新しいのがシリアです。まだ、「アサド政権vs.反体制派」で、紛争構造が単純だった二〇一二年二月、安保理は国連とアラブ連盟の合同特使としてコフィ・アナン前国連事務総長を指名し、二五〇名ほどの国際監視団が創設されました。結果的に和平の構築には失敗はしましたが。

現在のところ、捕虜交換しか戦闘の停止を実現する糸口はなさそうです。ウクライナ戦争に関して提案したような「緩衝地帯」（第一章末尾の「〈資料〉僕の停戦案」参照）をつくり、イスラエル、ハマス双方の兵力を引き離し、国際監視団を投入する、ある意味、標準的なモデルは、果たしてここでは実現できるのでしょうか。

ネタニヤフは、地上侵攻完了〝後〟のガザ東部において、期限を設けない軍事的統治の継続を示唆し始めました。外交上あくまで「Two-state Solution 二国家共存」を謳うアメリカを気遣い、それは軍事併合ではないというレトリックの下、おそらく傀儡《かいらい》化させたパレスチナ自治政府を通じて、形の上では民主的に見える統治を確立し、イスラエル治安部隊の駐留を継続させることが予想されます。

しかし、第一章で詳述したアフガニスタンを先行事例とすべきです。一度はタリバンに勝利し、民主化の名の下に新しい政権の構築に二〇年をかけて試行錯誤したものの、タリバンの復活を招き、アメリカの敗走に結果したばかりの対テロ戦争です。

タリバンを倒した当時、新政権の創設で国連を代表したラクダール・ブラヒミ特使が、後になって述懐したのが、「アメリカの反対で実現できなかったが、あの時、〝敗者〟タリバンを政権の末席でもいいから招き入れておけば、この戦争は違った結果になったかもしれない。後の祭りだが」ということです。9・11同時多発テロの憎さ余って、敗者がれっきとした「政体」であったことを忘れ、徹底的に排除したことへの後悔で、僕も深く共感するものです。

アメリカが、その二〇年の対テロ戦争の試行錯誤の中で結実させた前述の陸戦ドクトリンCOINは、「ゲリラよ、民衆の海を泳ぐ魚たれ」と毛沢東が表す実体に対峙する戦略を説くものです。そして、その〝ゲリラ〟が最も得意とする戦略は、正規軍による民衆への第二次被害をあえて誘導し、国家権力の非人道性を際立たせ、国内外の世論を味方につけることです。

ガザ戦争が始まってから、西岸地区のパレスチナ民衆のみならず、これまで政府としてはハマスと距離を置いていた中東諸国でさえ、イスラエルの攻撃でパレスチナの民衆が被る惨状に涙し、そして怒りに激高する民衆運動を抑えることはできません。

　イスラエル軍のガザ侵攻の結果がこれからどうなろうと、ハマスは、すでに勝利しているのかもしれません。

第四章　戦争を終わらせた後の世界に向けて

本書の企画の問題意識は、当初、ウクライナ戦争をどう終わらせるのかにありました。しかし、議論を始めてみると、終わらせる対象の戦争というものをどう捉えるかを抜きにしては、個別の戦争の終わらせ方も論じられないことが見えてきました。

さらに、ガザの人道危機が発生することで、戦争をより包括的に把握することが必要となりました。そうした視点に立って、著者に寄稿をいただきました。

「自衛隊を活かす会」事務局

Ⅰ　分断と戦い停戦を追い求める

伊勢﨑賢治

二〇二三年一〇月、アメリカのシンクタンクから講演の依頼を受け、久々に渡米しました。シンポジウム形式でテーマは"The New Cold War?"（新しい冷戦か？）。ウクライナ戦争が決定づけた新しい世界の分断と世界秩序の変化について、です。アメリカを中心に、各国から国際政治と安全保障の学者が集まりました。聴衆は、一〇〇パーセントアメリカ人研究者、そして学生たちです。

僕の講演の内容は「新冷戦の中の緩衝国家の命運、そして東アジア」です。「緩衝国家」の定義は、第一章で扱った通りです。

講演の骨子としたのは、アメリカがこの四半世紀にわたって試行錯誤してきた"Which side are you on?"（どっちの味方だ？）。世界の分断の体系化を試みました。

まず、「分断バージョン1」

ジョージ・W・ブッシュ（子）大統領は二〇〇一年の9・11同時多発テロ後の演説で、国際社会に「アメリカの側に付くのか。それともテロリストの側か？」と迫ります。グローバル対テロ戦の開戦宣言です。北朝鮮、イランを含む三か国以外は、中東をはじめとするイスラム教国を含むほとんどすべての国がアメリカの側に付いたので、この分断は成功を収めました。

ほどなくしてアメリカはイラク開戦に至り、ふたつの戦争が同時進行することになりますが、当初の予想に反して、いつしかこの戦いはＮＡＴＯとともにアメリカ建国史上最長の戦争になってゆきます。そして、戦争の上位目的から「軍事的勝利」が消失してゆくのです。二〇〇六年あたりからタリバンとの停戦交渉が模索され始め、オバマそしてトランプ政権に引き継がれ泥沼化するのは、第一章で述べた通りです。

その途中の二〇一四年。アフガン戦争における厭戦気分がＮＡＴＯ諸国を支配し始めた頃、ロシアのクリミア侵攻が始まり、分断の標的を変換する好機が訪れます。僕の元には、かつて一緒に働いた複数のＮＡＴＯ軍の友人から“it's a savior for NATO”（この侵攻はＮＡＴＯにとって救世主）という冗談にならない本音のメールが届き始めます。

世界最強のアメリカが、一国家でもないタリバンと、それもアフガン政府抜きで、単独交渉するという前代未聞の停戦劇を始めますが、トランプ政権は終焉を迎えます。そして、トランプ・ヘイトで大統領になったのはバイデン。停戦劇に新機軸を迫られたのか、なんと九月一一日を記念して、二〇二一年のその日までにアフガニスタンからの完全撤退を宣言します。それもNATO諸国との綿密な撤退作戦の調整なしで。

この時も、上記の友人サークルから悲鳴に近いメールが届きました。いわゆる自警団的な、つまり歴史的に武装がひとつの文化になっている、極めて独立性の高い無数のコミュニティで構成されるアフガニスタンのような社会では、中央政府にとって国家の形を保つために不可避的に必要なのは、それらからの〝帰依〟を維持することにほかならないのです。アフガン中央政府には強大なアメリカが付いていることで、かろうじてその帰依が保たれているのに、そのアメリカが一方的に期限を明言して出て行くと宣言したら、どうなるのか。現場に身を置いた軍人なら容易に理解できることなのです。

予想通り、アフガン中央政府は見限られ、コアファイターが五万に過ぎない軽武装のタリバンが、まるでオセロゲームのようにパタパタと、アフガン全土を手中に収めてゆくのです。そして、カブール陥落。アメリカ・NATO軍敗走。アメリカが投資して手塩にかけた国軍も敗走し、推定七〇億ドルと言われる兵器・軍事装備も、そのままタリバンの手中に。

そして、「分断バージョン2」「2・1」

これ以前に、この「分断バージョン1」の敗北が濃厚になった頃から、バイデン政権は中国に照準を合わせます。その核となるのが米日印豪QUAD（クアッド）で、これが「分断バージョン2」となります。

そして、ロシアによるウクライナ侵攻。NATOは、再び水を得た魚のように、存在感を露《あらわ》にするも、地上軍の投入の素ぶりはまったくなし。ゼレンスキーの「"Non-fly zone"（飛行禁止区）を！」というせめてもの悲痛な要請にも、参戦すればヨーロッパが戦場になってしまうと拒絶したまま、最初から典型的な代理戦争の様相を呈することとなりました。

NATOとEUが合体したような体で強硬な対ロシア経済制裁を開始しますが、それに与《くみ》せず"中立外交"を貫く中国に標的を合わせて「分断バージョン2・1」を進めます。しかし、「分断バージョン1」に比べれば明らかに世界の分断は失敗し、「欧米vs.その他」の様相で現在進行中です。

このように次々と標的を切り替えるアメリカの性を、アメリカ聴衆に向けて講演しました。講演後の質疑応答は、ウクライナ戦争がアメリカの代理戦争であることを前提に議論しても、何の支障もなく進行しました。どちらかと言うとアメリカのリベラリストに分類されるような聴衆だったのでしょうが、「アメリカの世界への影響力をしっかり自覚する愛国者だからこそ、アメリカをよくするために、アメリカへの批判を積極的に聞く必要がある」という一人の学者の発言もありました。

アメリカでは在韓米軍が「国連軍」という認識がない

僕の講演の後半は、「東アジアの〝ウクライナ化〟」と題して、ウクライナ戦争の東アジアへの影響を展望しました。その中でも、いわゆる「朝鮮半島有事」を扱いました。

これは、僕にとっても新鮮な驚きだったのですが、在韓米軍が「国連軍」であることを認識している会場のアメリカ人は、本当に皆無のようで、さらにこれが「国連が解消できない国連軍」である事実に素直に驚いていました。加えて、朝鮮半島が有事になれば、自衛隊という強大な軍事力があり直接の紛争の当事者になることが想定されるのに、国連軍の一部ではないので開戦の意思決定に入らず、「朝鮮国連軍地位協定」により、その意思決定に従属するだけの日本についても、静かに驚いてくれました。

韓国は「平時の作戦統制権」を米軍から奪取しているものの、「国連軍」の存在によりアメリカの一存によって朝鮮半島有事が自動的に発動する構造が永久化している。有事のリスクを緩和する措置があるとしたら、それは、開戦の意思決定において直接の当事者、それも実際の戦場となる、つまり最も苦痛を強いられる当事国の発言権が尊重されること。それは、特に日本にとっては、「国連軍」の解消以外にはあり得ません。しかし、国連が解消できない「国連軍」をどうやって解消するのか？

それは安保理では不可能ですので、国連総会でやるにしても、やはり一もしくは複数の加盟国が解消を発議する必要がある。そういう国の政府を動かす初動は市民のアクションと連帯ということになるのでしょうか。この理由で、みなさんアメリカ市民の理解と協働が不可欠です……これで、講演を締めました。静かで長い拍手を頂きました。

二日間のシンポジウムが終わり、帰路はまずホテルから空港までのタクシー。小一時間の距離です。運転手は陽気で饒舌《じょうぜつ》なアフリカ系の男性で楽しい車内となりましたが、なんと彼、元海兵隊でアフガン帰還兵だったのです。僕の軍人の交友はすべて司令官クラスで、下位の米兵とじっくり話すのは始めてでしたから、新鮮な興味をそそられ、僕がアフガニスタンで何をやってきたかの話を含め、時間を忘れる道中となりました。

彼は、アフガン二〇年戦争の結末を、真摯に深く恥じている様子でした。defeated（敗北）

と言わずに、fled（敗走）という言葉で。そして、ああいう無様な形ではなく、truce（休戦。彼は韓国駐留も経験しているので、この言葉になったのでしょう）の交渉をもっと前からちゃんとやっていれば、戦争に勝利しなくてもアメリカ国民は納得したのではないのかと。戦友も死なずに済んだ、と。

そして、バイデン政権の対ウクライナ政策を問うと一言、coward（卑怯者《ひきょうもの》）。支持政党を聞くのを忘れましたが、一生の思い出になりました。

「分断バージョン3」の未来予測は不謹慎と引っ込めたが

実は、このシンポジウムでは、もうひとつ大切な出会いがありました。

一緒に登壇した学者の一人がパレスチナ出身だったのです。会った瞬間、どこかで見た顔だと思ったら、アルジャジーラに解説者として出演経験のある人物でした。登壇の前日から意見交換していたのですが、あの「ハマス」のことで会話が盛り上がったのです。

というのも、イスラエルの隣、歴史的に複数の巨大なパレスチナ難民キャンプを抱えるレバノンの、そのうち最大のキャンプで、二〇二三年の七月から八月にかけて、アルジャジーラなど国際メディアが〝内戦〟と報道した、パレスチナ難民同士の激しい武力衝突があったばかりなのです。穏健派とされる主流のファタハ勢力と、いわゆる過激派の間の係争が発展したもので、一応、ハマスは直接のこの紛争の当事者ではないということでした。しかし、これが起きる直前に、パレスチナ自治政府の諜報局の長がレバノンを訪問し、ハマスの影響力を難民キャンプから排除するようヒズボラ側にじかの工作があり、それがこの内戦の引き金になったようなのです。彼は、ハマスの反動を心配していたのです。

僕のほうは、ウクライナの反転攻勢の長期化が顕著になるにつれ、自由と民主主義を守るための聖戦という言説空間が、当のアメリカ国内で疲弊している現状を鑑みると、バイデン政権は、また新たな分断の標的を探し始めると思っていたのです。そこで、「分断バージョン3」について未来予測として講演の最後に言及するかどうか迷っていたのですが、結局、引っ込めました。そんな未来予測は、ちょっと不謹慎に映るかな、と思ったからです。

そして、日本に帰国。羽田《はねだ》に着いてスマホの電源を入れた途端、ガザ戦争開戦のニュースが飛び込んできました。9・11の再来とも思える、ハマスの絶対悪魔化・非人間化による新たな世界の分断。なんともやるせない気持ちです。

「ハマス＝悪魔」叩きだけを先行させていいのか

メディアでは「ハマスが犯したテロ行為を容認するものではありません」という言い回しが常套句《じょうとうく》になっているようですが、これを僕は素直に口にできません。言い手の自己保身のための免罪符にしか思えないのです。「悪魔がつくられた経緯」を意図的に隠匿し、悪魔叩きだけを先行させる言説空間が、ここでもできつつあることを警告したいからです。この言説空間は、明らかに国際人道法が厳命する比例原則を逸脱したイスラエルによるガザへの攻撃が「民族浄化」という誹《そし》りを免れる世論を醸成し、一方で人道被害を止めるために必要な停戦、つまりハマスが対話可能な対象であり、停戦交渉が唯一の打開策であるという認識の醸成を阻害します。

ハマスは、二〇〇六年のパレスチナ総選挙で、ガザ、西岸地区の両方で勝利した、れっきとした「政体」です。かつて我々は、民主主義体制で生まれた政体でもないタリバンを徹底的に非人間化し、戦争を挑みました。しかし、我々は二〇年間をかけて敗北し、現在タリバンは、より過激なテロ組織と戦うために、我々の側に惹《ひ》きつけておくために対話しなければならない相手になりました。そもそも、タリバンや、そういう過激な連中を生んだのは何（誰）だったのか。

イスラエルによる「〝土地泥棒〟の終結」という極めて真っ当なパレスチナの主張を覆い隠すために、ハマスを生んだ民主主義を否定し、パレスチナ自治政府を〝傀儡化〟し、そしてハマスをガザという流刑地に追い込み、一〇年以上にもわたって、無垢《むく》な市民とともに日常的な無差別攻撃に晒してきたのは何（誰）だったのか。

この論考の筆を擱《お》く二〇二三年一〇月二四日現在、イスラエル軍のガザ地上侵攻開始の準備が進む極度の緊張の中、ハマスは二回目の民間人の人質の解放を行いました。黒い覆面の武装した屈強なハマス兵士が、二人の老人女性をいたわるように、仲介役となった国際赤十字のチームに引き渡す映像が公開されました。

僕はシエラレオネで戦争犯罪を恩赦した

これに関連して「平和」と「正義」の葛藤について最後に記します。文中で扱った「停戦」と「移行期正義」のモデルになったケースです。

一九九九年七月、シエラレオネで、その後の国際司法の議論に多大な影響を及ぼす停戦劇がありました。悪名高きテロリスト集団「ＲＵＦ：革命統一戦線」vs.西アフリカ連合軍を巻き込んだシエラレオネ政府の一〇年に及ぶ内戦に終止符を打った合意です。一般市民、妊婦や子供、そして乳幼児まで及ぶ虐殺、それだけでは足りず〝あえて〟手足を切って〝生かす〟ことまでやった絶対悪魔とその戦争犯罪を、なんと「完全恩赦」して、そのRUFのトップを副大統領に据える「連立政権」をつくった合意です。

この合意を基に、国連PKOの一員としてRUFの武装・動員解除を進めた責任者が僕です。この時、司令官級の戦争犯罪者たちに政治的恩恵まで与えて作業を進める現場の僕たちが、ジュネーブのもうひとつの国連を含む、いわゆる「人権正義派」から「不処罰の文化」の誹りを、時には口汚い言葉で浴びたのは、いつもの通りです。

武装・動員解除の完了後、RUFだけでなく政府側が犯した戦争犯罪をも審議する戦犯法廷が立ち上がり、一一年をかけて二〇一三年に閉廷しました。でも、そもそもこの停戦合意を調停したのは誰だったか？

国連ではありません。シエラレオネ人のディアスポラたちの強い政治ロビーグループが国内にあったアメリカなのです。それも民主党ビル・クリントン政権です。

僕は、アフガニスタン戦争の停戦工作の中で、NATO諸国、そしてアメリカ政府の代表たちとの協議で、このケースをよく引き合いに出しました。「タリバン・アルカイダの所業を上回る戦争犯罪を犯した絶対悪魔をシエラレオネ人に〝許させ〟、対話と交渉によって平和を導いた。それもアメリカの主導で。アフガニスタンでできないわけはない。アメリカが許せば、だが。さもないとこの戦争は永遠に続く」と。結果、アメリカは対話と交渉に舵《かじ》を切り始め、その後三人の大統領が試行錯誤しますが迷走、そして無惨に敗北します。

今ほど停戦を求める言説空間が必要な時はない

人間には、あらゆる対話が本当に不可能で、本当に人間以下の集団がいるのかも知れません。そういう実体を、我々は、少なくとも概念として、未来に備える〝正義〟のために常に希求するのでしょう。しかし、あまりにも度が過ぎると、それはいわゆる「安全保障のジレンマ」に我々を陥らせ、結果、開戦させ、大量破壊兵器の使用や民族浄化など壊滅的な結果を引き起こす前に「撃ち方やめ」を合意させる営みを損なってゆくのです。

戦争は避けられない人間の性だと認めざるを得ないのが現実なのでしょう。しかし、世界を巻き込むふたつの大きな戦争が進行する現在、〝正義〟を言い募る言説空間が荒れ狂う中で、今ほど停戦を求める言説空間が必要な時はありません。〝いつものように〟執拗《しつよう》な非難に晒されるとしても。

Ⅱ　システム論から見える停戦の難しさ

加藤　朗

第一章の発言の中で、ネオ・サイバネティックス・システム論から宇・露戦争について考察しましたが、以下では、もう少し詳しくネオ・サイバネティックス・システム論について説明します。それを通じて、停戦がなぜ難しいのか、戦争がなぜ絶えないのか、宇・露戦争を含めて戦争一般の問題として考えてみたいのです。

ネオ・サイバネティックス・システムとは何か

まずネオ・サイバネティックス・システムとは何かについてもう少し詳しく説明しておきます。ネオ・サイバネティックス・システムとはセカンド・システムとも呼ばれます。セカンドと言うからには、ファーストがあります。ファースト・システムは単にシステムと呼ばれ、我々が普通にシステムと言う時は、このファースト・システムのことを指します。

このファースト・システムの特徴は、システム外にシステムを観察し操作する第三者がいるという前提があることです。たとえばエアコンは、スイッチを入れれば、あとは独自で機能する人間から独立したシステムです。

他方、セカンド・システムは、システム外の第三者もまたシステムの一部との前提に立ちます。たとえばファースト・システムのエアコンも、利用する人間がいなければ、エアコンとしての役割を果たしません。その意味でエアコンは人間と機械が一体となったセカンド・システムと考えることができます。

エアコンと同様の例として、地球環境システムがあります。我々人間は、繭玉《コクーン》と蚕の存在のように、地球環境システム（繭玉）の、たとえば温暖化を内部から認識する主体（蚕）であると同時に、化石燃料の消費や戦争のような環境破壊を通じて地球環境に影響を与える（繭玉をつくる）存在でもあるのです。

そして何よりも人間そのものがセカンド・システムです。人間は自らを認識する主体であると同時に、自らの心身に影響を与える主体でもあります。このように、何らかのシステムとそのシステムを構成する人間とが一体となったシステムがセカンド・システムであり、ネオ・サイバネティックス・システムなのです。

問題意識を形成するのが価値観

このシステムという概念は物事の捉え方であり、客観的なモノであれ主観的なコトであれ、我々は常に無意識のうちにシステムの概念で物事を認識、理解しています。客観的なモノを対象とすれば、たとえば力学の物理システム、生物の生命システム、自然の生態系システムなどがあります。他方、主観的なコトを対象とすれば、たとえば人の社会システム、権力の政治システム、金の経済システムなどがあります。

いずれのシステムであれ、すべて我々が問題意識を持ち、その問題を解明、解決しようとした時に、システムが主観的に構成されます。システムは極言すれば問題意識の数だけあり、逆に問題意識を持たなければシステムは構成できません。

では、この問題意識はどのようにして形成されるのか。それは個々人の価値観、一言で言えば個々人の人生観に由来します。生まれてから今日に至るまで、その人の先天的なＤＮＡ情報や後天的な経験や知識などの体の内外からの情報が価値観を形成していきます。価値観は、物事を判断する基準となります。価値観は、新たな情報により次々と上書きされ変化します。一方で、上書きされない価値の原基がある。それが、ツキジデス以来ホッブズなど西洋政治思想で連綿と引き継がれてきた「安全、利得、評判」の三つの価値、すなわち、「死にたくない、豊かになりたい、人に認められたい」の感情です。

戦争がなくならないのは個々人の価値観が異なるから

「安全」はＤＮＡに由来する生物的・本能的価値です。死に対する恐怖の本能的感情に基づきます。「利得」と「評判」は他者の存在を前提とする相対的価値です。前者は生きる糧を与える価値すなわち、より多くの金、より多くの食料、より大きな家など、より豊かに生きたいという後天的感情です。後者は生きる意味を与える価値、すなわち宗教やナショナリズムなどあるいは名誉のように人に認められたいという社会的感情です。この三つの価値のいずれを重視し物事を判断するかは、人によって、また同じ人でも状況によって異なります。

たとえば組織の長のように責任ある立場に就いた者や官僚や政治家など公人となれば、その判断は一私人の時とは異なります。また知識や経験が不足している幼年期、未来に希望を賭ける青年期、死出の日を数える老齢期では異なります。同一人物であってさえ、新たな経験や知識が価値を上書きしていくために価値判断が異なることになる。つまり価値判断は、ゆれ動くのが常なのです。逆に、宗教家や○○主義者など一部の志操堅固な人を除けば、終生一貫してゆるぎない信念、思想などを持つことのほうが難しい。もっとも年を取れば、生物的に変えることが難しくなり、固陋《ころう》頑迷な老人となりがちですが。

究極のところ、戦争がなくならない原因は、個々人の価値観が異なるからです。命よりも名誉を重んじる人は世界にはごまんといます。その一方で、命あっての物種と考える人は、それよりはるかに多い。そして人々は、異なる価値観に基づいて、異なる世界を見ています。同じモノを見、同じコトを考えても、人によって価値観が異なるから物事に対する見方、考え方も異なるのです。そのため、必ずしも同じ結論には至らない。このように個々人の世界が異なるから、対立や争い、紛争や戦争が起こるわけです。

国によって虹の色が異なる理由

同じモノを見ても同じ結論に至らない卑近な例として、虹の色があります。虹の色は国や地域によって異なります。七色の地域もあれば、六色、四色、逆に八色の地域もある。ひとつの自然現象でありながら、その認識の仕方がなぜ異なるのか。その理由は国や、地域、さらには時代によって、色に対する見方、虹への関心などに違いがあり、文化、風習などによって見方や解釈が異なるからです。言い換えるなら虹という自然現象は、人間が構成した虹というシステムの中で、人間が虹と一体化して初めて人間にとって意味を持つモノとなるのです。虹を解釈するのはあくまでも虹に関心を持つ人間です。そもそも虹に何の関心も持たない人間にとって、虹の色数などどうでもよい些末《さまつ》なことです。虹の色が異なるという問題の本質は、虹に対する人間の問題関心そしてその問題関心を構成し判断する基準となる価値観にあります。

虹のようなモノの自然現象同様に、社会現象であるコトにおいてもネオ・サイバネティックス・システムは構成されます。その典型が戦争です。第一章でも述べましたが、戦争の武力衝突は現実空間における客観的な唯一の事実です。他方、戦争の認識や解釈は言説空間に構成された、極端なことを言えば、一人ひとり異なる概念です。多くの人は現実空間で戦争を戦っていない。言説空間で自ら解釈した、人の数だけある無数の戦争を語っているに過ぎないのです。

言説空間が二項対立になる理由

言説空間の戦争概念は、虹の色が異なるように、個々人の価値観によって異なります。とはいえ、言説は相反するふたつの言説に集約されます。たとえば宇・露戦争では、親宇・親米対親露・反米に集約されています。さらに大きな枠組みでは親米・反中対親中・反米に集約され、「新冷戦」システムが構成されている。もちろん、こうした対立は価値観の違いに原因がありますが、現実の空間の虹の色数と異なり、言説空間におけるほとんど（すべてといってもいい）の概念は二項対立に収斂《しゅうれん》していきます。それは概念が必ず問答法的・弁証法的に議論の相互作用によって展開されるからです。ある主張に対し、必ず反論が対置され、議論が始まる。この傾向は、ネットによってすべての情報が0か1のデジタル情報に置き換えられる、情報の相互作用が超絶速度で起きることで、より顕著になってきました。

言説空間で、この言説の相互作用の状況をパターン化していくのが文化、伝統、宗教などといった価値観です。そしてその価値観に基づいて、類が友を呼ぶように共通の価値観を持つ者同士が集まり、やがて社会システムが構築され、国家が形成される。社会システムは、状況、制度、組織の各段階を順次経て構築されるのです。かつて政治学者の永井陽之助が男女関係を例に、この過程を次のように説明しました。男女は恋愛という状況から結婚という制度を経て、家族という組織をつくる。国家も同様である。戦争（無秩序）状態から、司法、教育、経済など諸制度そして官僚組織、会社、学校などの組織を経て国家を構築すると。

国家は組織化が最も進んだ社会システムです。国家が構成する国際システムは世界政府が欠如しているという意味で組織化しておらず、せいぜい条約に基づく制度化のレベルにとどまっており、ともすれば戦争や紛争の結果、容易に状況に逆戻りしてしまう。戦争や紛争で国際システムが状況化すれば、戦争や紛争の判断は究極、個々の国家や個人に委ねられます。政府は国益に沿って、政党は理念にしたがって、個人は自らの価値観に基づいて判断します。政府権力が確立している国内では状況化を司法執行組織が食い止めますが、司法執行組織が未整備で制度の段階にとどまっている国際法は、大国の国益を前に、状況化を食い止めるには依然としてあまりに非力です。残念ながら、国際法は国益の裏付けがあって初めて効力を発するものです。

人間とAIが融合したシステムの登場

国際システムはいまだに制度の段階で無政府であるがゆえに政治的・法的脆弱《ぜいじゃく》性を抱えています。それに加え、現在では、ネオ・サイバネティックス・システム故の脆弱性があります。それはインターネットによる言説空間の無秩序化、そしてAIによる現実空間と言説空間の仮想空間化です。実は宇・露戦争はAIが本格的に登場した最初の戦争です。

冒頭でネオ・サイバネティックス・システムは人間とシステムが一体化したシステムだと書きました。ところがAIの本格的登場とともに、人間とAIが融合した人機融合システム(Man and Machine Hybrid System)が登場し始めました。これまで、システムを認識、判断する主体は人間だけでしたが、今ではＡＩもシステムを認識し、判断する時代となりました。人機融合システムの最大の問題は、身体性を持たないＡＩが物事を判断する価値判断の基準をどこに置いているか分からないことです。人間の価値判断の基準は「安全、利得、評判」と上述しました。しかし、ＡＩにはこれらはまったく価値基準にはならないのです。

人機融合システムは現実空間ではＬＡＷＳ（自律型致死兵器システム）として、宇・露戦争で一部のドローン兵器に採用されている、と言われています。敵戦車と判断すれば爆弾を落とし、敵兵と見れば塹壕の中まで追跡して自爆する。人間が関与するのはドローンのスイッチを入れる時だけです。また人機融合システムは言説空間ではインターネットが人機融合どころか、ＡＩが人間のような擬似人格主体となって、さまざまな言説を生み出しています。

現実空間の戦争経済と言説空間の関心経済の一体化

一九九七年にマイケル・ゴールドハーバーが提唱した関心経済（アテンション・エコノミー）は、ＡＩも情報を生成、発信するようになり、おそらくゴールドハーバーの予測を超えて爆発的に拡大しています。関心経済市場では人々の「関心・注目」が商品となり、かつてはアナログ・メディアで、そして現在ではインターネットで取引されています。「商品」には科学的・

倫理的に保証された情報もあれば、なんの裏付けもない虚偽（フェイク）や煽情《せんじょう》的で炎上を狙った情報もあります。そして「商品」のうち、何よりも感情に訴えて「関心・注目」を集めるのは戦争です。

宇・露戦争では関心経済市場が一気に拡大しました。虚実取り混ぜた、というよりも虚の中に実が少し混ざっているといった体で、情報があふれかえりました。情報の真偽どころか一体誰が情報を発信しているのかもはっきりせず、専門家なのか素人なのか、Botと呼ばれるＡＩなのか人間なのか、区別がつかなくなっています。そして言説空間の常で、情報の相互作用で、親ウクライナ対親ロシアの対立構造が構成されました。両派とも、自らが有利なように、情報を大量に発信し世論形成をはかっている。時に、その対立空間は、現在にとどまらず、冷戦後以降どころか二〇〇〜三〇〇年前にさかのぼる歴史空間にも及んでいるのです。

問題は現実空間における戦争経済と言説空間における関心経済の一体化です。軍事産業が戦争経済を推進していると批判されますが、現在では情報産業が関心経済市場をつくり、市場は商品を求め戦争を扇動しています。皮肉にも、ガザ紛争が勃発すると宇・露戦争への関心が低下し、ゼレンスキーは現実空間の戦闘よりもむしろ言説空間で世界の関心を集めるほうが重要になっていきました。

このように、現代の戦争、特に宇・露戦争そしてイスラエル・パレスチナ紛争は、擬似人格化したAIと人の融合、現実空間の戦争経済と言説空間の関心経済との一体化、そして何よりも身体性が欠落したAIの価値基準の不明瞭さなどが原因で、停戦や紛争の解決が非常に困難になっています。停戦、解決に向けては、現実空間において、どちらか一方あるいは双方が、戦闘の意志と能力のいずれか一方、あるいは両方を失うこと、そして言説空間においては現在の対立を止揚する新たな言説、すなわち新たなシステムを構成する統制的理念とそれに基づくシステムの構築が必要です。

Ⅲ　「三十年戦争」から見る戦争のやめ方

林　吉永

戦争をやめさせることができるのか。戦争史を振り返り「三十年戦争」を通してプーチンの戦争を考えます。

「終戦＝講和」が困難な戦争の事例

戦争は、戦争の主体が戦意を喪失した時に戦闘を停止させ、停戦あるいは終戦に至ります。それは、戦争の首謀者がいなくなった時、継戦能力が断たれた時、戦争の行方を決定づける戦闘が決着した時、当事国あるいは非国家主体が直接にまたは仲介者が介在して間接に戦闘の停止や終戦の合意を確認した時などさまざまな形で現れます。他方の戦場における戦闘が、部隊将兵の全滅、戦闘力の喪失、指揮官がいなくなる、将兵の戦意喪失などで終息することと比べると実に複雑です。

しかし、悩ましいことに一方的な侵略戦争の場合には、侵略された側に被害の意識が蓄積し、国家関係、特に国民間の敵対意識が正常復帰しない傾向があります。侵略戦争では、名誉、領域、生命財産の損失、宗教や風俗習慣など無形の価値を喪失させるなど、その惨禍が「終戦＝講和」を困難にします。

プロイセン軍の将官であったクラウゼヴィッツは『戦争論』を著し、「戦争は『拡大された決闘』であり敵を完全に打倒することが戦争の本質である」と「絶対戦争」を論じました。この考えは、戦場での戦闘を言い、今日、非軍事的な外交手段を伴う戦争の終結に沿えば、絶対戦争は現実的と言えません。

軍事力を投入して、敵を完膚なきまで打ちのめし降伏に導くプロイセン型の「殲滅戦」は、ナポレオン戦争（一八〇三～一八一五年）、普墺《ふおう》戦争（一八六六年）、普仏戦争（一八七〇～一八七一年）に見られます。しかし、兵器技術が飛躍的に発展した第一次及び第二次世界大戦では殲滅戦が通用しなくなり、プロイセン型戦争を継承したドイツは「塹壕戦」「電撃戦」で悲劇的な敗戦に至りました。

プーチンの戦争の特徴

プーチンの戦争は、ウクライナを「プーチンの意思の下に置く」ため、国境を越える殲滅戦を行っています。ロシア軍の侵攻は、「塹壕戦」「電撃戦」の様相を呈していることから「一九世紀型戦争」と言えます。プーチンのプロイセン型現代殲滅戦は一般人を標的にしている戦いです。一般市民の犠牲を多くし、ウクライナの忍耐に破綻を生じさせ、国民の厭戦気運を高め、ウクライナの意思を削ぎ降伏させるたくらみなのでしょう。

加えて、ロシアが繰り返し行っている攻撃は、爆弾投下同様、歩兵部隊の殲滅戦と異なり、標的となる人々の恐怖と悲しみと痛みの表情をじかに見て感情を動かされることがありません。将兵は、ドローンやミサイルを用いてためらわず殺戮を重ねられます。ここに将兵が人間性を喪失してＡＩ化された状態で参戦している「新たな一九世紀型戦争」を見ることができます。

また、プーチンの戦争は、いくつか「新たな形の地球規模の戦争」を示唆しています。

第一に、ウクライナとロシアが直接に戦闘しているのですが、多数の国が潜在的に参戦しています。表では戦争をやめさせようとし、陰で戦争の肩入れをしているのが現実です。外交は対立勢力募集の体を成し対立を競っています。日本は併せて「台湾有事」を看板に東アジアの対立構造も構築しています。この現象は、戦争を停止し終戦に導くのではなく、「戦意を喪失させる」どころか「戦意を高揚させる」ものです。

第二は、地理学的グローバリゼーション、ボーダレスの時代精神が、戦場、戦闘員、武器を特定できない戦争を生み、加えて、人流、通信、輸送、資本、資源、生産、労働、技術、情報、芸術、観光、スポーツ、娯楽などさまざまな分野に複雑に拡散と競争を起こしている現象です。この現象は、戦意を喪失させるために行う制裁や封鎖の効果を希薄にしています。

米・中・露が主張する固有の秩序

第三は、新たな世界秩序の出現です。東西世界対立の冷戦構造下では世界秩序が二分されていましたが、今日の世界は、国連憲章が謳うような「普遍的正義と法」だけではない多様化した秩序が顕わになっています。

大国の秩序の存在が代表的です。ヨーロッパ連合は、大規模な国家連合を形成し、固有の憲法、通貨の共通化、往来の自由などを謳って「連合を形成する国家間の武力衝突があり得ない秩序」を形成しました。

米・中・露は、固有の秩序を主張しています。

アメリカの戦略は明確・具体的ではありませんが「世界第一位の国力を誇示して自由民主に満ちた世界を構築し、他国を米国にとって都合のいい国にする戦略」、中国は「チャイニーズ・ドリーム『一帯一路』戦略」、ロシアは「ヨーロッパのアングロサクソンの秩序と異なるユーラシア大陸の新たな世界秩序を形成するネオ・ユーラシア主義」という「大国主義」を掲げ競合しています。しかも、これら大国は、それぞれの秩序の下に仲間を増やそうとしていますから、相容《あいい》れない部分で摩擦、衝突が起こります。

「プーチンの戦争をどのように終わらせるか」、これまでの観点を踏まえて、戦争史から「三十年戦争」(一六一八〜一六四八年)を採り上げ牽強付会《けんきょうふかい》を試みます。

「三十年戦争」の原因としての真空秩序の対立

「三十年戦争」は、ヨーロッパにおいて八〇〇万人を超える犠牲者を出した大戦争でした。戦場が北欧、東欧、西欧のヨーロッパ全域に分散、拡大した「三十年戦争」を終戦に導くには、輸送、通信の手段に乏しく人力に依存していた時代、すべての領邦、国家の代表が参集し、講和会議を行い条約調印にたどり着くまで六年(一六四二〜一六四八年)を要しています。

まず戦争の要因について触れておきます。

ひとつは、キリスト教カトリック(旧教)と、その腐敗浄化を掲げて宗教改革(一六世紀)を起こしたプロテスタント(新教)の新旧秩序の対立です。当時、キリスト教は一五五五年のアウグスブルクの和議以降「領邦宗教」を原則として、領主の宗教が領民に強制されていましたから、新教のパトロンとなった領邦では民衆も新教に転換します。旧教の元締めであったローマ教皇はこれに激怒して旧教領主に新教排除を示唆し、領邦領主間の戦争が始まりました。

宗教改革がもたらしたのは「聖書を中心とするキリスト教」です。新教徒に転向した庶民信者は、教会での朗読に耳を傾けていればよかった日常が一変し、自ら聖書を読むことを督励されます。宗教改革は識字を啓発することになり、一六世紀初めのハンブルクで一〇パーセントに満たなかった識字率が、一六世紀末の都市部で三〇から五〇パーセントを超える数値を示していたと考えられています（永田諒一『宗教改革の真実―カトリックとプロテスタントの社会史』講談社現代新書、二〇〇四年）。

識字率が極端に低かったことは、国王や地方領主の治世の徹底が口頭で行われていたことを語っています。布告の場は庶民の集まる教会で、聖職者の口から話されたと想像できます。当然領主や役人と聖職者の関係が濃密になり、聖職者に収税の特権までもが与えられます。

カトリックには罪状をこと細かに記した祈りの書があり、その罪を犯したならば、聖職者に打ち明け神が赦《ゆる》しを与える「告解」の秘跡があります。この時代、ローマでは旧教総本山「聖ペテロ大聖堂」の建設資金募金のため、告解をせずとも罪が赦される「贖宥状《しょくゆう》（免罪符）」を販売しており、その「旧教が金儲《かねもう》けする」堕落を糾弾したのが宗教改革でした。

ふたつ目が、神聖ローマ帝国からスペインまでのヨーロッパを席捲していたハプスブルク家に対するフランス王国ブルボン家の挑戦です。

ハプスブルク家は、ヨーロッパの五〇パーセントにも及ぶ領土と南米植民地を有し「陽《ひ》の沈むことがない帝国支配」を誇っていました。もちろん、ローマ教皇下のカトリックとの癒着は濃密で、国王認証の王権神授、挙句は聖職者人事にまでハプスブルク家の意見が入っていました。

ブルボン家には、ハプスブルク家に代わりヨーロッパに影響力を広げようとする企てがありました。このため、フランスは新教を弾圧していた旧教国でありながら旧教に対立する新教の集団に与《くみ》します。

「三十年戦争」の原因としてのフランス王国の策謀

三つ目が、フランス王国の策謀です。フランスには、ハプスブルク家への対抗はもちろんですが、神聖ローマ帝国にとって代わりヨーロッパの覇者となる野望が旺盛でした。しかも、宗教革命後、神聖ローマ帝国領邦国家は、皇帝に反発して新教に宗旨替えしましたから、フランスは好機と捉えたわけです。その中心となったのがフランス国王ルイ一三世の重臣であった宰相リシュリューです。

リシュリューは旧教の枢機卿に叙階されていましたが、聖職者でありながらハプスブルク家及び神聖ローマ帝国を打倒するためフランス王国を新教国家群に与するよう仕向けます。「三十年戦争」に勝利することは、ハプスブルク家を追い落とし、ブルボン家のルイ一三世をヨーロッパ諸侯の頂点にのし上げ、神聖ローマ帝国領邦の新教転換国家群を旧教側に立つ神聖ローマ帝国から離反させる「リシュリューの企て（野望）」を成就させることに直結します。

リシュリューの野望実現の最善手段は、八〇〇万余の犠牲を出して戦いに疲弊していたヨーロッパ諸国家、諸邦をまとめて終戦に導くことでした。

終戦の講和会議は、戦勝国のフランスとスウェーデン間の摩擦回避、神聖ローマ帝国皇帝と旧教側領邦諸侯との内紛の鎮静、ドイツの新教領邦諸侯の対フランス、対スウェーデン調整を有利に運ぼうとする思惑を緩和・排除するなどの事情を勘案して、一六四三年から、ドイツのウェストファリア地方オスナブリュックとミュンスターで行われました。

リシュリューは一六四二年に死去していますが、フランスがヨーロッパの覇権の座に就く思惑は、ルイ一三世の後継ルイ一四世とリシュリューの後を継いだ旧教のマザラン枢機卿が、ルイ一四世によるブルボン王朝絶頂期への地ならしをした歴史から汲み取れます。

ウェストファリア講和会議には、一四八名の領邦諸侯などの使節が参集しました。講和会議は、戦争終結、ハプスブルク家の敗北、神聖ローマ帝国の権威喪失、フランス、スウェーデンの隆盛をもたらし、さらには、神聖ローマ帝国三〇〇諸侯に主権平等をもたらしました。ウェストファリアにおける会議は、世界最初の大国際会議開催であり、主権平等のウェストファリア条約体制構築や、何よりも「三十年戦争」終戦をもたらした功績は、「陰謀」に長けたリシュリューの働きがあってこそと推測され、その後の悪名高きリシュリューの名を補って余りがあります。

この戦争の仲介役は習近平か

ここからは、プーチンの戦争には習近平が仲介の適役であるという牽強付会です。

まずプーチンの「妥協し得る停戦、あるいは終戦の条件」の本音を引き出せる適任者は習近平をおいていません。バイデンはプーチンとの対決が旗幟《きし》鮮明ですからプーチンと本音の直接会談は無理です。米中関係の今後を考慮すれば、バイデンはこの仲介に一歩譲らざるを得ないでしょう。習近平が停戦や終戦についてバイデンの意見を聴く会談を行うことについて、「バイデンの拒否」が今後の国際社会におけるアメリカの地位を貶《おとし》めることになりかねませんから、拒否はありません。

旧西側諸国と対峙する立場にいながら、その旧西側諸国の期待を担う立場に立つことにもなる習近平は、枢機卿でありながらフランス王国を新教側に立たせたリシュリューと似通った立場に立って、停戦あるいは終戦の仲介者としてアメリカに頭を下げさせることができます。国際社会においてアメリカを凌駕する立場を目指す中国にとって、いずれの大国も成し得ない「プーチンの戦争終戦あるいは停戦への導線をつくる」ことで、外交の舞台において主役の座に就く絶好の機会となります。

習近平にとってロシアとの強力な紐帯《ちゆうたい》形成にも好機です。プーチンに、そして旧西側大国に対して、成功すれば「プーチンの戦争の幕引きの主役」、成功の暁には「殊勲者」となります。さらに、中国の「一帯一路」に嫌悪感が芽生えつつある関係国をつなぎ止めることにも効果があります。ＢＲＩＣＳにおいても指導的立場の形成にプラスであり、旧西側諸国に対して歴史的因縁から対立感情が芽生え始めているグローバル・サウスの応援を得て、今後の味方としてつなぎ止めることにも役立つでしょう。

中国の旧西側諸国に対する対立的感情、別けても対米感情に内在する脅威、劣等の意識を払拭するには時間を要します。しかし、国際社会における中国の「貢献度」高騰は何にも増して中国への追い風となります。

非戦の知恵を絞り出す苦しみの中で

イスラエルとハマスの戦闘停止を訴えるロシアとブラジルの停戦決議案に拒否権を行使したアメリカには逆風が吹いています。

今、複雑化している国際社会の構造下で、世界は、プーチンの戦争、イスラエルの戦争を抱え、戦争をやめる、避ける、起こしにくくする、非戦の世界をつくる知恵を絞り出す苦しみに遭っている渦中にいます。世界が対立の壁を一層高くしようとしている現在、中国がプーチンの戦争の停戦、あるいは終戦に向けてどのように動くか、「三十年戦争」の示唆を強く意識するところです。

余談です。二〇二二年一一月、G7外相会合がミュンスターで開催されました。日本ではその地が「三十年戦争」講和会議の場であったことについてプーチンの戦争をやめさせる示唆としたニュースを見ませんでした。これが日本のメディアが戦争を観る目なのでしょうか。残念です。

Ⅳ　なぜ「非戦」にこだわるのか

柳澤協二

私は、一九四六年の生まれです。両親も健在でした。どちらかが戦争の犠牲となっていたら、私は生まれていません。防衛官僚として過ごした一九七〇年から二〇〇九年の間も、日本が戦争に巻き込まれる危険を感じたことはありませんでした。自衛隊が海外で一発の銃弾も撃つことはなく、国内にミサイルが落ちてくることもなかったのです。

一方、二〇〇三年のイラク戦争と、その後の自衛隊派遣に関わる中で、戦死、あるいは戦争関連死というものを身近に感じることになりました。

イラク戦争は無駄な戦争だった

イラク戦争開戦当時、防衛研究所長だった私は、大量破壊兵器の排除という「大義」を支持し、米国の戦争を支持していました。だが、イラクに大量破壊兵器は存在しなかった。戦争の大義はなかった。ジョージ・W・ブッシュは、「ウソをついたのではない。みんなが間違えただけだ」と弁明し、小泉純一郎首相は、「イラクが大量破壊兵器の不存在を証明しなかったからだ」と国会で答弁しました。多くの政府の人たちは、「サダム・フセインという独裁者を倒したことはよかった」と感じていました。

それは、戦争を選択した側の論理です。しかし、大量破壊兵器が存在しなかったということは、その目的のために戦われた戦争は誤りであり、無駄な戦争であったことを意味します。「独裁者を排除したことはよかった」というのは、イラクを民主化して中東を安定させるという戦後の展望に関わる認識ですが、この点でも、中東の安定とはほど遠い現状を見れば、民主化、あるいは安定という目標を達成するために戦争という手段を選択したことが間違いだったことが分かります。サダム・フセイン支配下のほうが、よほどイラクは安定していました。独裁政権による弱者への迫害はありましたが、今日の人道危機はシリア、パレスチナを含む中東全域に拡大しています。

イラクに大量破壊兵器があるという確実な証拠はありませんでした。しかし、自らの武力が万能であるという過信、戦後秩序への根拠のない楽観、9・11テロへの報復感情、独裁者とテロリストは悪であり排除されるべきだという偏狭な正義感。それらの要因が、戦争を選択させる時代精神となって、無駄な戦争を招いたのです。

これは、政策決定者の側にいた私自身に、大きな課題を提示することになりました。すなわち、政策決定者が間違えることがあるという事実、世の中には無駄な戦争があるという事実、そして、無駄な戦争や戦争の無益な拡大は、政策決定者の偏狭な時代精神が招くものだという事実です。そして、そういう観点で見てみると、ほとんどの戦争は、無駄な戦争かもしれないという予見です。

自分が欲しないことを他人に求めてはいけない

イラクへの自衛隊派遣は、もうひとつの視点を私に与えることになります。自衛隊が派遣されたサマーワと、クウェート〜バグダッドを結ぶ空路は、「非戦闘地域」とされていました。けれども、宿営地への砲撃や、対空ミサイルの脅威があり、安全が保証されたものではありませんでした。自衛隊は、一人の戦闘犠牲者を出すこともなく任務を終えましたが、当たり所が悪ければ、何人か犠牲になっていた可能性があります。

その時、自衛隊派遣を命じる閣議決定文書の起案者であった私は、犠牲が出た場合、隊員のご両親に何を言うべきだったのか、いまだに答えが見つからないでいます。「残念なことです」

としか言いようがなかったでしょう。

官邸や与党幹部も、犠牲者を出したくないという思いは共有していました。自衛隊派遣の目的は、日米同盟の維持であり、民生支援でイラクの戦後復興に貢献することでしたから、「犠牲を覚悟でやってこい」という認識はなかったのです。隊員に犠牲が出れば、内閣が持たないだろうと心配していました。自分を納得させるための官僚的な言い訳は可能だったと思います。「万全の対策を採っていた」「運が悪かった」など。しかし、それでは、亡くなった人は浮かばれない。

つまり、戦争とは、大切な人を失うリスクを誰かに背負わせることなのです。誰も、それが自分であってほしいとは思わない。そこに、人としての葛藤が生まれる。「自分がしてほしくないことを他人にやらせてもいいのか」という、幼稚園児が習う最低限の道徳観です。

ですから私は、失われる命に対して臆病でなければならないと考えます。戦争に必要なものは勇気であり、自己保身のための臆病は軽蔑に値します。他者のための勇気は称賛に値します。しかし、犠牲への想像力を欠いた勇気は、政治家でも一国民でも、国を誤らせる元になるのです。

生き残った者のトラウマ

イラクに派遣された延べ一万人の自衛隊員のうち三〇人以上が自殺したと言われています。これは、毎年の自衛隊全体の自殺者約六〇～八〇人と比べて、突出した比率です。イラク・アフガニスタン戦争から帰還した米兵についても、人格障害や自殺者の多発が問題視されています。

イラクの場合、「一人も死ななくてよかった」では済まない課題があります。恐怖のフラッシュバックは、人に大きな影響を与えます。米兵の場合、実際に人を殺した体験や、仲間を救えなかったという後悔が、人格を崩壊させています。

どうやら人類には、人を殺さない、人を救いたいというDNAが組み込まれているようです。恐怖への反応という本能、憎しみという感情もあって、それが戦争を正当化するのですが、種としての人類にとって、最も根源的なものは種の保存というDNAではないでしょうか。生き残った兵士のトラウマがそれを証明している。戦争とは、それに反する行為なのです。

戦争が終われば敗者に後悔が生まれます。勝者には、満足感と成功体験が生まれます。だから、長い目で見れば、勝って驕《おご》る者のほうが不幸になるのです。

引き際の難しさ

部隊を派遣する時、一番悩ましいのは「いつ撤収するか」という課題です。米・英と並ぶ参戦国であるスペインは、開戦一年後、マドリッド近郊での列車テロを受けて戦線を離脱しました。日本は、米国が戦闘終結を宣言し、米国のイラクの暫定統治と復興への協力を謳う国連決議を受けて自衛隊を派遣しました。イラク国民の生活基盤を復興させるため、生活用水の供給や道路・橋・学校・病院の修理を主な仕事にしていました。

やがてイラクの治安が悪化していく中でも、これらの地道な仕事は続きます。生活基盤の復旧・改善という面で地元の要望は際限がないのです。どこかで区切りをつけなければならない。一方、自衛隊の存在は、日本が米国とともに「テロとの戦い」に加わっている「政治的あかし」でもあります。こうした配慮が、撤収を難しくする要因でした。

それを決断するのは政治です。小泉純一郎総理は、二〇〇五年の秋には撤収を決意し、検討を命じます。私は、官邸スタッフとして陸上幕僚監部と相談し、密《ひそ》かに撤収を準備することになりました。陸幕の検討は、万全を目指すものでした。政治的要因がそれを阻害しないようにすることが自分の役割だと考えていました。

〇五年一二月に新憲法に基づいたイラク国民議会選挙が行われます。イラクの政治的自立という大きな状況変化を逃せば、撤収の理由付けは困難でした。二〇〇六年五月、イラク新政府が発足するタイミングを捉えて陸上自衛隊を撤収する方針が固まり、大型トレーラーの手配や残置する資材のイラク軍への譲渡など、具体的な手順が実行されることになります。陸自部隊は、一人の犠牲者を出すこともなく帰還しました。

小泉総理は、その年の九月で辞任します。私の勝手な憶測ですが、ご自身が決断したイラク派遣に決着をつけたこと、そして、一人の犠牲者も出さずに済んだことは、政治リーダーとしての大きな達成感であったと思います。私自身も、官僚として大きな達成感を感じていました。一人でも戦死者を出していたらそうはならなかったし、官僚人生の最後を満足感を持って締めくくることはできなかったと思うのです。

残る航空自衛隊の部隊は、空輸の範囲・対象を拡大し、二〇〇八年末まで活動を継続しましたが、官邸幹部の関心は失われていました。私は、誰かが関心を持ち続けなければならないと思い、部隊の活動に関する事務方の定例会合を続けていました。バグダッド空港への攻撃が激しさを増し、地上での被害が心配でした。空自部隊の撤収は、米国がオバマ政権に変わり、米軍がイラク軍に任務を委譲する流れの中で、政治的抵抗なく進みます。これも、ある種のラッキーでした。

ここから、軍隊の派遣は、明確な理由付けと達成すべき目標を定め、達成感を持って終わらせることが重要であるという教訓が出てきます。

まして、終わり方を考えずに戦争してはいけない。イラクのように、戦争全体のプランを持つのは米国で、日本がその中で動かざるを得ない場合にはなおさらです。これは、「台湾有事」についても言えることです。離島防衛でも、「占拠された場合には速やかに奪回する」という方針がありますが、こちらが奪回すれば相手は再占拠を試みるでしょう。どこかで政治が停戦を決めなければ、戦争は永遠に続くことになります。

「英霊」と非戦へのこだわり

戦争は国家の行為であり、殺せば英雄となり、死ねば英霊になります。ウクライナ侵攻の中で多くのロシア兵が死んでいきましたが、これに対するプーチンの発言を、私は許せないのです。彼は、死んだ兵士の母親に向かって、「人はいつか死ぬ」と述べ、ロシアでは、交通事故・アルコールで毎年三万人が死んでいることに触れた上で「問題はどう生きたかだ。あなたの息子は目的を達した。彼の人生は無駄ではなかった」と語りました（「朝日新聞」二〇二二年一一月二八日)。

死ぬことで人生目的が達成されるとは、すなわち英霊の思想です。そこには、自分の判断への反省もなく、他者の人生を自分の道具と考える権力者の驕りがあります。権力者が正義を語ることほど危ういことはない。人生の目的を自分で決めることこそ、人として生きる原点です。そこに対する畏怖こそ、政治の原点であるべきだと私は思います。差別・少子化・人権といった課題も、一人ひとりが生きる目的を自ら決定することができ、他者から強制されない社会をつくるという意味で、そこにつながっているのです。

だから私は、非戦にこだわります。私に、他者の人生の意義を決める権限はないからです。

ウクライナ国民の思い、そしてガザの戦争

ウクライナから日本に避難してきた女性が、「早く平和になって祖国に戻りたい」ではなく、「最後まで勝ってほしい」と言っていたことに驚きを感じたという話を聞いたことがあります。ウクライナの人々は、他国の戦争に巻き込まれたわけでも、誰も住まない国境の無人島のために戦っているわけでもなく、自分の生活の場のために戦っている。異国に支配され、抑圧される状態を平和とは言えない。さりとて、果てしない殺戮を止めたい気持ちもあります。だから

停戦は難しく、平和はなお難しい。

戦争は、戦場だけで戦われるものではありません。銃後の国民の心を動員し、対立感情を高めるのです。この力学を忘れて、ただ平和を叫ぶだけでは、多分、平和の力にはなりません。

ウクライナの停戦が見えない中で、パレスチナ・ガザで戦争が始まってしまいました。民間人を標的とする攻撃は許されません。我々は、こうした攻撃をする武装集団をテロリストと定義してきました。ですが、生活の場を奪われ、国を持つことを許されない人々が抑圧者に抵抗することを止めることはできません。つまり、パレスチナの事態を「テロとの戦い」や「国の自衛権」といった既存の概念で理解しようとしても理解できないということです。まして、武力で殲滅しても、パレスチナの人々が追い込まれた状況が変わらなければ問題が解決しないことは、分かり切っています。同時に、米国とイランに加え、有力なアラブ諸国の本気の協力があれば、パレスチナ問題の解決はできるはずですが、現実の政治は、そのように動こうとはしていません。

こうして、あらためて自分の知恵の足りなさを思い知らされている日々です。

一国民として

戦争は、政治目的の手段であり、政治の選択です。その政治を国民が選択することができる制度を持った日本は、やはり幸せなのだと思います。

自衛隊には防衛や災害救援で頑張ってほしいと誰もが思う。しかしそれは、国民にとって苦難の時です。だから、自衛隊が進んで戦争を求めることはないし、あってはならない。それは政治が決めるべきことです。その政治の選択は、国民に跳ね返ります。それゆえ私は、一国民として、戦争とは何かを考えるのです。政治を誤らせない最後の拠《よ》り所《どころ》は、国民なのですから。

柳澤協二（やなぎさわ　きょうじ）

一九四六年生。元内閣官房副長官補・防衛庁防衛研究所長。国際地政学研究所理事長。自衛隊を活かす会代表。

伊勢﨑賢治（いせざき　けんじ）

一九五七年生。東京外国語大学名誉教授。PKO幹部として紛争各地で武装解除を指揮。

加藤　朗（かとう　あきら）

一九五一年生。国際政治学者。防衛庁防衛研究所を経て、桜美林大学教授、国際学研究所所長を歴任。現福島原発行動隊理事。

林　吉永（はやし　よしなが）

一九四二年生。国際地政学研究所理事・事務局長。元空将補・第七航空団司令。元防衛研究所戦史部長。

戦争《せんそう》はどうすれば終《お》わるか？

ウクライナ、ガザと非戦《ひせん》の安全保障論《あんぜんほしょうろん》

集英社新書一二〇四A

二〇二四年二月二一日　第一刷発行

著者……柳澤協二《やなぎさわきょうじ》／伊勢﨑賢治《いせざきけんじ》／加藤　朗《かとう　あきら》／林　吉永《はやし　よしなが》

編者……自衛隊《じえいたい》を活《い》かす会《かい》

発行者……樋口尚也

発行所……株式会社集英社

東京都千代田区一ツ橋二-五-一〇　郵便番号一〇一-八〇五〇

電話　〇三-三二三〇-六三九一（編集部）

〇三-三二三〇-六〇八〇（読者係）

〇三-三二三〇-六三九三（販売部）書店専用

装幀……原　研哉

印刷所……大日本印刷株式会社　TOPPAN株式会社

製本所……加藤製本株式会社

定価はカバーに表示してあります。

ISBN 978-4-08-721304-1 C0231

a pilot of wisdom

集英社新書　好評既刊

政治・経済――A

- 安倍官邸とテレビ　砂川浩慶
- 普天間・辺野古　歪められた二〇年　宮城大蔵／渡辺豪
- イランの野望　浮上する「シーア派大国」　鵜塚健
- 自民党と創価学会　佐高信
- 世界「最終」戦争論　近代の終焉を超えて　内田樹／姜尚中
- 日本会議　戦前回帰への情念　山崎雅弘
- 不平等をめぐる戦争　グローバル税制は可能か？　上村雄彦
- 中央銀行は持ちこたえられるか　河村小百合
- 近代天皇論　――「神聖」か、「象徴」か　片山杜秀／島薗進
- 地方議会を再生する　相川俊英
- ビッグデータの支配とプライバシー危機　宮下紘
- スノーデン　日本への警告　エドワード・スノーデン／青木理　ほか
- 閉じてゆく帝国と逆説の21世紀経済　水野和夫
- 新・日米安保論　柳澤協二／伊勢﨑賢治／加藤朗
- 世界を動かす巨人たち〈経済人編〉　池上彰
- アジア辺境論　これが日本の生きる道　内田樹／姜尚中
- ナチスの「手口」と緊急事態条項　長谷部恭男／石田勇治
- 「在日」を生きる　ある詩人の闘争史　金時鐘／佐高信
- 改憲的護憲論　松竹伸幸
- 決断のとき――トモダチ作戦と涙の基金　小泉純一郎／取材・構成 常井健一
- 公文書問題　日本の「闇」の核心　瀬畑源
- 国体論　菊と星条旗　白井聡
- 広告が憲法を殺す日　本間龍／南部義典
- よみがえる戦時体制　治安体制の歴史と現在　荻野富士夫
- 権力と新聞の大問題　望月衣塑子／マーティン・ファクラー
- 「改憲」の論点　木村草太／青井未帆　ほか
- 保守と大東亜戦争　中島岳志
- 富山は日本のスウェーデン　井手英策
- スノーデン　監視大国　日本を語る　エドワード・スノーデン／国谷裕子　ほか
- 「働き方改革」の嘘　久原穏
- 国権と民権　佐高信／早野透
- 限界の現代史　内藤正典
- 除染と国家　21世紀最悪の公共事業　日野行介

a pilot of wisdom

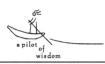

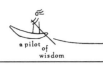